人事のプロが教える
「自分の軸」の
見つけ方と使い方

「絶対」価値観。

梅森浩一
Koichi Umemori

日本経済新聞出版

はじめに

就活生や若手社員のみなさんは、きっとこれまでもさまざまなやり方でご自身の性格を分析されてきたことでしょう。

ちなみに以下は、著者である私の簡単な性格分析です。とはいっても、すべてを自分自身で表現したものではなく、その多くは一緒に仕事をしている知人の一人がこの機会に分析してくれたものです。

それによると、何より私は意志が強く、情熱的でかつ外向的な性格とのこと。また自尊心も強く、独立心が旺盛で、正義感だって強く、さらに公明正大な性格とか。

これらは、他者から見た私の性格における「プラス面」ですが、当然のことながら「マイナス面」も（残念なことに）多々見られるそうです。

正直お伝えしたくない気持ちを抑えながらその一端をお話しすると、例えば私には誇大妄想癖があり、高慢で短気だし頑固、その一方お人好しで無鉄砲なところもある……。

「あゝ、もうやめて！」と思わず叫び出したくなるような、その実「あたってる」と認めざるを得ない、私の「光と陰」を網羅した他人判断による性格分析となります。

ただしこれらは、そんな私の性格や行動をも左右する「私の本音の価値観」まで表現しているわけではありません。なぜなら本当の私の価値観は、私自身にしか知り得ないからです。

「絶対価値観」とは？

ちなみにみなさんの自己分析結果は、これまでどういった内容なものだったでしょうか？

おそらくその多くはプラス面を強調したもので、若干のマイナスに見える点も、実は巧妙にプラス面へと転化しやすい形で表現されていたはずです。

でもそんなあなたの、練りに練られた自己分析には、一体どれほどあなたが大切にしている「本音の価値観」が反映されているでしょうか？

さらに付け加えるならば、そもそもそんな本音の価値観とは、具体的にどういう「価値観」を指すものなのか、考えてみたことがあるでしょうか？

本書では自分の本音と本心から語った、いわば「これだけは絶対に譲れない」といった価値観を「絶対価値観」と呼び、その他たくさんの価値観たちと区別しています。

それはまさに、この先の人生で「なくなってもらっては困る価値観」であり、自分の幸福はこの絶対価値観がより充実されることで、さらにアップするという性格を持つものです。

グローバルで重視される「価値観」

ところで先ほど私は「その他たくさんの価値観たち」という表現をしましたが、それには理由がいくつかあります。

私はこれまでのキャリアのほぼすべてを、欧米の大手多国籍企業の日本法人における人事部門に、そしてその多くは責任者の立場として身を置いてきました。

それが仕事上の役割でもあったのですが、自然と欧米の、とりわけ米国の人事関連の資料や情報に接する機会が多くありました。

すると、必ずといっていいぐらい多くの米国の著名人が、いわゆる「価値観たち」について言及していることに気がついたのです。

例えば、つい最近まで在籍していたある大手の米系金融機関では、あるレベル以上の世界中の人事責任者に向けて、CEO並びにCHO（いわゆる頭取と人事部のヘッドとなります）からとある本が送られてきたものです。

「これを読みなさい」と私宛に送られてきたその本は、原題を"Take Charge of You"(Ideapress Publishing, 2022)といい、自分の人生とキャリアをうまく発展させるための、いわゆるセルフ・コーチング関連の本でした。

その本には、共同著者としてデヴィッド・ノヴァクさん、ジェイソン・ゴールドスミスさんというお2人のお名前が出ています。

ちなみにノヴァク氏は、ハーバード・ビジネス・レビュー誌で"100 Best Performing CEO in the world"に、さらにフォーチュン誌でも"Top People in

Business"に選ばれた著名な経営者です。一方のゴールドスミス氏も、数々のオリンピック選手のコーチングをつとめられた実績がある方です。

それらの実績があったからでしょう、勤務先の頭取と人事部長から「ためになるからこれを読め」と、わざわざ私宛てに送られてきたのです。しかもそれはごく最近の出来事です。

もちろん私は、遠く離れたここ日本で、今回とりわけ就活生や転職希望者の皆さんに向けて、お二人から同書の宣伝を頼まれたわけではありません。

ですがそんな同書において特筆すべきは、彼らも35の価値観ワードを列挙して、「この中から最も自分にとって大事な価値観ワードをピックアップしなさい」と述べていた点です。

また、『スタンフォードのストレスを力に変える教科書』（大和書房）という邦題タイトルのついた、同大学の心理学者であるケリー・マクゴニガルさんの著作の中でも、価値観についての同様の記述があります。

さらに加えて、著名な米国の心理学者である元ハーバード大学教授による「氷山モデル」にも「価値観」が含まれています。

ことほど左様に米国では「価値観」についてさまざまな研究がなされ、紹介され続けて今日に至っています。

これらの事例ついては、また後段でくわしくご紹介したいと思います。

ちなみに私自身、30数年前から自分の価値観の持つ重要性を叩き込まれ、かつ同僚・部下にトレーニングを含め、折りに触れて紹介してきた経験があります。

本書を通じてこれまでの経験をみなさんへ、とりわけ新卒および若手の転職希望者の方々へ、今回のために特別に作成した診断ツールとあわせてご紹介ができるのを、心から嬉しく思っております。

会社の価値観とあなたの価値観

本書は、多かれ少なかれ誰しもが持ち合わせている一般的な性格を、ことさらに上手に表現するような就活本とは一線を画しています。

ましてや恋占いのような、あなたと希望する会社とのいわゆる「相性診断」についいて語る本でもありません。

私自身の多くの新卒・中途採用をしてきた経験からしてみても、自分の性格を冷静に自己分析することは、いうまでもなくとても有意義なことです。

そのためにも、つい無意識に盛ってしまいがちな「見栄」や「誇張」を排除した、あなたの「本音」と「本心」からの自分の価値観を知ることは大事なのです。

タイミング的にも、キャリアの早い段階で自分の価値観をハッキリと認識しておくことは、とても大事です。この点は、前述したスタンフォード大学の先生や、フォーチュン誌で取り上げられるような成功した経営者から改めて指摘されるまでもありません。

また、これらのことは、希望する会社へ願いがかなって入社している若手社員のあなたなら、よくおわかりのはずです。すなわち、いかに「会社の価値観」というものがハッキリと強く存在し、日々あなたに「同意」と「協調」を求めてくることか、ということです。

ましてやそれが、残念なことに（かつての私自身もそうだったのですが）「念願がかなわず、そのために内定をもらえたというだけの理由で入社したケース」ならば、なおさらのことです。

例えば「利益を生むように行動しなさい」という、ごく一般的な会社の要求に隠れた「利益（カネ）」という価値観へ、より一層深く同意し、そのための行動をとることがあなたは求められている、と表現すればよりわかりやすいでしょう。

そのような場合に、もし一方の当事者であるあなたが、自分の「どうしても譲ることができない」絶対価値観をハッキリと認識していないままだとしたら、一体どうなるでしょうか？

その場合はおそらく、その会社の持つ絶対価値観が、そのままあたかもあなたの価値観であるかのごとく、「疑いもせずに」「やすやすと」置き換わることでしょう。

さらに付け加えるとするならば、多くの会社は、本音ではそうなることを内心期待しています。それがいわゆる「手垢に染まってない新卒者を採用する妙味」の一つだからです。

できるだけ素直に、かつ従順に、会社が求める価値観を、あたかも「自分の一生かけて追求すべき価値観」として、疑うことなく受け入れてくれることを期待している（たとえそれがハッキリと意図していないとしても）、というわけです。

価値観の合う会社を選ぶに越したことはない

「会社による価値観の置き換え」は、多くの日本企業で昔から繰り返し使われている「社員は家族」という表現で、志を同じくする仲間になれたのだと思わせ、快く感じさせることから始まります。

その心地良い一体感を持つことができれば、それは企業にとっても、そしてあなたにとって居心地の良い状態といえるでしょう。

ただしそれも、すべてはお互いの持つ価値観が幸運にもたまたま相反するものではなかった場合のお話です。

もし仮に決定的に価値観の違う者同士の場合、つまり前述の例でいえば、会社の一番の価値観が「なんだかんだいってもカネ」であるにもかかわらず、あなたの絶対価値観が「家族」にあるとしたら、どこかでお互いに相容れない場面がくるかもしれません。

たとえそんな決裂のときが来ないとしても、多くはその両者の価値観の違いからくるストレスから、不安や不満を抱えたままの日々を送ることになります。

それは何しろ、自分本来の絶対価値観を押し殺して、いわば騙し騙し生活を続けるわけですから、そのつらさは推して測るべしです。

ですから理想をいえば、あなたの絶対価値観を満たしてくれる会社（組織）を最初から選択すべきなのです。

その前提で出会った会社で、そんなあなたの頑張りで社業がますます発展していくという、相思相愛、ウィン－ウィンな関係こそが、これからの人生をより楽に、より幸せにすごすための近道といえます。

言い換えれば、雇う側の企業にとっても、そもそも価値観を共有していない就活生・経験者を雇うことほど、無駄でリスクなことはないといえるでしょう。

改めて、本書を書いた理由

とはいうものの、それらを自分の頭の中で理解していたとしても、現実には妥協やら色々な理由から「目をつぶって」日々を送ることになります。かくいう私だって、かつては程度の差こそあれ同じだったと、今にして反省しています。

それでも私の場合は、少なくとも自分の絶対価値観をハッキリと認識していただけ、それを曖昧にしたままのケースとは、決定的に違っていたと思っています。

それは異なる価値観がぶつかったときに、どの点がお互い相いれないのか、どうすれば妥協でき、あるいは妥協すべきではないのかがハッキリとわかっているからです。

その結果、これまで自分の絶対価値観のおかげで、さまざまな困難な状況（それこそクビにしたり、なったりといった場面においてです）でもなんとか立ち向かってこられました。

ご存じの方もいるかもしれませんが、私は今まで何冊か、いわゆるビジネス書というジャンルの本を上梓してきました。

中でも就活生や転職希望者であるみなさんに直接関係する本として『面接力』（文春新書）や、『「クビ！」論。』（朝日新聞社刊）と言うタイトルのビジネス書を筆頭に、いくつもの本を執筆して参りました。

本書では、そんな私のこれまでの経験から、未来の希望に満ちたサラリーパーソン人生を目指す就活生のみなさんへ、またすでに会社（組織）でバリバリ活躍されている若きみなさん（経験者）へ向けて、久々に書き下ろした一冊となります。

そんなみなさんへ、今日から人生の最後の瞬間まで、文字通り一生をかけて大切にしたい、ご自身の絶対価値観をハッキリと認識させる方法と、そのメリットをできるだけわかりやすくご紹介して参ります。

決してブレない、そんな自分の本音・本心からの価値観に早く気がつくことのメリットや、絶対価値観を見極めるにあたって、大切な「手段と目的」の確認作業などについてもふれています。

自分の価値観を確認するうえで、とても大切となる「手段と目的」の意味を理解し、折りに触れて繰り返し自問自答することで、来たるべき就活や転職時のみならず、人生を通じてあらゆる場面で役立たせることができます。

本書でご紹介する、厳選した15の絶対価値観の多くは、おそらくそのすべてがみなさん自身が、程度の差こそあれすでに持ち合わせているものばかりだと思います。

どうかこの機会に、ご自身だけの絶対価値観をハッキリと確認すべく、添付したウェブ診断用のパスコードを活用し、診断してみて下さい。それはきっと皆さんのこれからの就活に、すぐにお役に立てるものと確信しております。

さて、どうやら少し前置きが長くなってしまいました。ここからはサクッとご紹介してまいりますので、どうか最後までお付き合いください。

「絶対」価値観。
目次

第1章 自分にとって大切な「価値観」を再認識する

第2章

さあ、自分の価値観を知ろう！

第3章

意外と目にする価値観たち

第4章

「絶対価値観」について掘り下げる

第5章

「価値観と強み」の両方を手に入れる！

終章

プロ人事の経験からのアドバイス

第1章

自分にとって大切な「価値観」を再認識する

潜在化した「価値観」を見る

ハーバード大学教授の提唱した「氷山モデル」

みなさんは「氷山モデル」(The Iceberg Model)なるものを目にしたことがありますか?

「はじめに」でもご紹介しましたが、米国の心理学者であるデビッド・マクレランドさん(元ハーバード大学教授)による概念図です。

それは、海面にぽっかりと浮かぶ氷山の先端部分と、その何倍もの大きさで海面下に沈む目に見えない大きな部分とを対比させた、とてもわかりやすいイラストを使って説明されているのが特徴です。

マクレランドさんは、海面に突き出た部分には顕在化した知識やスキル、さらには態度といった概念をあてています。

他方、それらの下の部分には、私たちが持つ潜在的な価値観や動機といった概念を配置しながら、顕在しているものといまだ潜在下にあるものとをわかりやすく整理し、かつその存在をアピールしています。

価値観を「見える化」するメリットとは

ちなみにこのマクレランドさん、人事の世界ではよく使われるコンピテンシー、日本語で「行動特性」と呼んでいる理論を提唱されたことでも有名な方です。

例えば前述した氷山モデルを上手に使って、人が何かをする時は普段それほど意識にのぼってこない（顕在化していない）「価値観」や「動機」などが私たちの行動に影響している、と主張したのです。

もしその仮説が正しいとしたら、まるで海中にあるかのごとく目にすることはできないものの、自分の心の中には確かに存在している「価値観」を、ハッキリと認識（見える化）することができたとしたら、どんなに役に立つことでしょうか。

それはいまだ曖昧なもの（価値観）をハッキリとさせることによって、自分の能力

マクレランド教授による氷山モデル

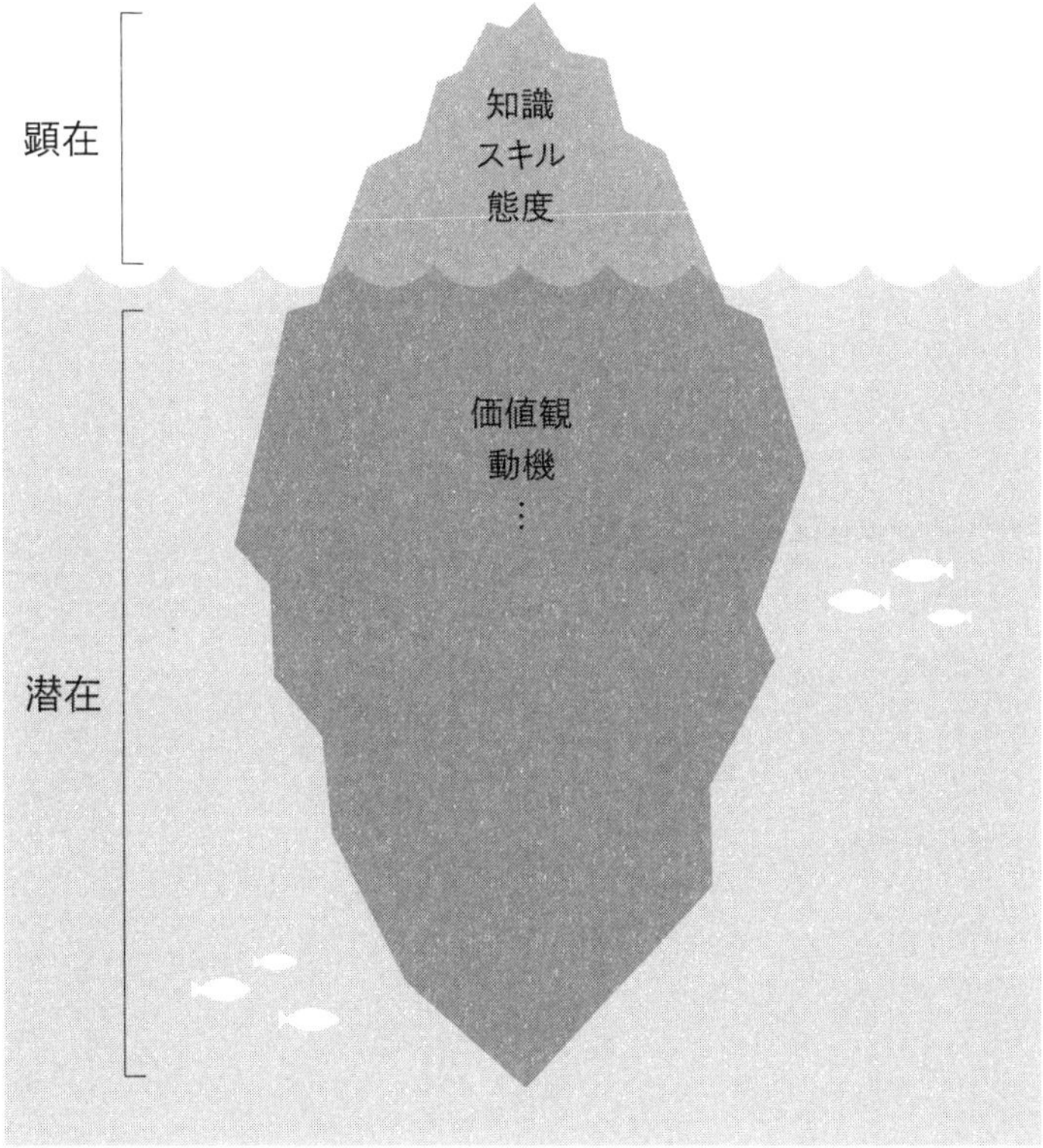

や適性にあった職業・職種選択を、より具体的にできることを意味します。

一方の企業にとっても、企業の求める職種や役割の持つ価値観に対して、より一層適した人材（あなたのことです）を的確に、ミスマッチを少なく採用できるメリットが生まれます。

そんなお互いにとってメリットがある採用技法というものが、もし本当にあるとするならば、それをみすみす使わない手はありません。

それがマクレランドさんの提唱した「コンピテンシー理論」をベースにした、面接・採用技法なのです。そしてそれは、すでに新卒・中途を問わず採用において活用されており、社内での幹部社員の役員登用などにも広く使われています。そしてそこには、あなたの潜在的な価値観が、大事な要素として占めていることを覚えておいて下さい。

なぜならマクレランドさんは、普段特に意識していない価値観や動機、役割・使命感といったもの（すなわち潜在的なものです）こそが、仕事ができる社員の持つ「行動特性」に大いに影響している、と主張しているのです。

だとすると、いまだ曖昧なままでハッキリと認識されていないあなたの「価値観」

を、この機会にキチンと顕在化、つまり「見える化」「ハッキリ化」することが、目先の就活のみならず、その先の社会人生活において、どれだけそのメリットが大きいか、もうおわかりになられたと思います。

そしてそのことこそが、あなたにとって大切な自分の価値観、すなわち後述する絶対価値観を見える化する最大のメリットであり、目的なのです。

「価値観」と「性格」の違いとは何か？

「性格」には傾向がある

「三つ子の魂百まで」といった、人の持って生まれた「性格」を言い表すたとえを、これまで幾度となく耳にしたことがあると思います。

もしそれが正しいとするならば、「はじめに」でご紹介した私の性格というものは、幼少期に形成され、大人になっても変わらずきたものと理解できます。

一方で、私の価値観は、そもそも「三つ子の頃からの性格」と関係があるのかないものか、ずっと気になって仕方がありませんでした。

そこで手元の辞書（広辞苑ウェブ版）で、「性格」と「価値観」の意味の違いについて調べてみることにしました。

まず「性格」なのですが、

①各個人に特有の、ある程度持続的な、感情、意志・認知の面での傾向や性質。ひとがら。

②広く事物に特有な性質・傾向。

ということがわかりました。

他方で「価値観」はどうなのかというと、

何に価値を認めるかという考え方。善悪・好悪などの価値を判断するとき、その判断の根幹をなす物事の見方。

と記載されています。

つまり、ある「傾向」が見られるのが「性格」の特徴だといえるでしょう。

「価値観」は徐々に形成される

すると、価値観にもそのような「傾向」があるのかどうかが、さらなる疑問として浮かび上がりました。

結論から言うと、残念ながら引用した広辞苑からは、それらの点について明確な違いや関連した定義は見て取れませんでした。

ですが、性格が「生まれ持ってきたもの」に対して、価値観は「生まれ育った環境において徐々に形成されて行くもの」と世間で捉えられているのは、これまでもよく目にしてきました。

「なるほどそうか、自分の価値観って幼少期から徐々に形成されてきて今に至るのか……」

もしこの仮説が正しいとした場合、自分の価値観は「天から降ってきたかのごとく、ある日突然ひらめいたもの」とは思えなくなります。

つまり、自分の価値観とは「持って生まれてきた性格」とは違い、「これまでのさまざまな経験を通じて徐々に形成されてきたものだ」ということが言えそうです。

そのようにして徐々に形成された価値観たち（複数形です）が、人生のさまざまな場面（例えば就活・転職）において、自分の行動や意思決定に確実に影響を与えてきた、と言えます。

「価値観」と「相性」の関係

マッチングアプリにおける「相性」

恋愛・結婚アプリにおける、いわゆる「相性判断」と「価値観」の関係について見ていきましょう。

それは例えば、

・あなたは夕食のコロッケに、ソースと醤油のどちらをかけますか？　それとも何もかけない？

・仕事から帰ったら、まずお風呂に入る？　それとも寝る直前の方がいい？

といった具合に、主に志向や嗜好に関連した質問の答えから、お互いの相性度を測るものが一般的なようです。

また時としてこれらは、いわゆるお見合い相手との「価値観チェック・シート」と称して用意されたりもします。

確かに後日「お互いの『価値観』が違うので、私たち別れます」となったら大変です。

そうならないように、事前にお互いの相性度を、用意された質問項目の中から推測し、それらを使って双方のマッチング度合いを測り、「相思相愛レベル」などと提供しているのかもしれません。

会社や上司との相性は重要か？

それでは、職場でのケースはどうでしょうか？

いま仮に退職しようかどうか、真剣に悩んでいるあなたがいたとします。そんなあなたが必要としているのは、前述したような価値観という名の「会社（上司）との相性」なのでしょうか？

それとも絶対価値観、すなわち「あなたにとって、欠かすことのできない大切な価値観」における、部下と上司との「相違の程度」を意味するものなのでしょうか?

入社段階では、お互いにあれほど「相思相愛」の関係で、「相性の良い会社だった」と思っていたのに……。それがいつの間にか、相手(会社)が変節してしまったと感じた、そんなケースは数多くあることでしょう。

物事には「相手側」があれば、当然「こちら側」もありますから、ひょっとしたら相手は変わらなかったけど、実のところ自分の価値観の方が変わってしまった、というケースだって考えられます。

相性の問題ではなく、価値観の相違

ちなみに、私自身がこれまで経験した退職理由の多くは、この「上司との相性」が主な原因です。

例えば前任者とは相性がよかったけど、その後任の上司とのソリが悪く、疎まれて結局は最後に退職に追い込まれた……といったことがほとんどです。

その相性が悪い原因を、いま改めて考えてみると、私と上司との価値観の相違が大きかったせいだった、といえます。

ちなみに「自由」が大切な価値観である私にとって、いわゆる「マイクロ・マネージメント」、つまり重箱の隅をつつくような管理のされ方は、正直受け入れがたいものでした。

そんな私に対して、何かにつけて嫌がらせとしか思えない指示をする、もしくは無視したりする……。そんなことが続いて、最終的に退職するに至った、といった次第です。

最初は単なる「合う、合わない」といった相性の違いにすぎないと思いきや、本来それはもともとお互いが持つ「価値観の違い」からくる「根本的な違い」だった。

そういった場合、それは「お互いの相性の問題」として単純に片付けることはできません。

「合う、合わない」で片付けない

一方で、仮に似たような価値観を持っていた人同士がいたとしても、これまた必ずしも相性が良いとは限らないのです。

英語で相性をケミストリー（chemistry）といいます。「化学反応」という意味ですが、言い得て妙です。

何も無理をしてまで、それこそ自分の絶対価値観に嘘をついてまで「相手に合わせる」必要ありません。

ですが、もし仮に似たような価値観を持つ者同士ならば、そこはお互いに歩み寄り、話し合い、交わる（すなわち「良い方へと化学反応を起こす」）余地が、少なくとも「相性の違い」の一言で片付けてしまうよりはあると思います。

その意味において、私自身の過去の事例については（もちろん相手にも求めたい気持ちは山々ですが）、まずは自ら価値観の問題として行動すべきだった。そのように、いまにして大いに反省をしています。

なぜなら、少なくとも会社の価値観を共有していた部下と上司だとするなら、お互いにもっと歩み寄り、すり合わせる余地が十分にあったはずだからです。

その意味でも、まずは互いに会社の価値観を共有することが、社員同士の「相性」の問題として簡単に物事を判断しないためにも、とても大切であることがわかります。

絶対価値観とは何か?

人の価値観はそれこそ十人十色ですし、価値観を表す言葉も同じく数多く存在します。

先ほど氷山モデルのお話をしましたが、これは海に浮かぶ氷山にたとえて、私たちの心の内を分かりやすく図にしたものでした。

そのモデルを見て、私の頭に真っ先に浮かんだのは「海面下の潜在部分ってこんなに大きいのか?」という素朴な疑問です。

これには学校で習ったことがある、かの有名な「アルキメデスの原理」が関係するようです。それによると「物体が流体(この場合は海ですね)の中にある時、物体が押しのけた流体の重さに等しい浮力が物体にはたらく」ことから計算をすると、海面上の氷河の大きさは全体の約11%に過ぎないわけです。

この見える部分を「たったの1割」とみるかどうかは別として、現実の私たちの心中のありようを、このモデルが一体どれだけ正確に表現しているのか、その答えは正直のところ私にはわかりません。

とは言うものの、本書において自分たちの価値観が、どうなっているのか、それをモデル化しようとすると、例えば次のような考え方ができます。

- 私たちの持つ価値観たち（複数です）すべてを「一つの大きな塊」であると仮定します。
- その価値観たちの塊は、明確な境界を持たない。新たな出会いや発見、経験などを通じて、価値観たちが増えたり減ったりする。
- その塊の中身をよくよく観察してみると、本人によりハッキリと認識された価値観たちもあれば、ボヤっとしてまだ認識されていないものとがどうやら混在しているようです。
- その中で、いくつかハッキリと意識・認識された自分の価値観たちの数は、人によってその数も内容も多様なのですが、その中で「最も大事な価値観」、すなわち

絶対価値観のイメージ

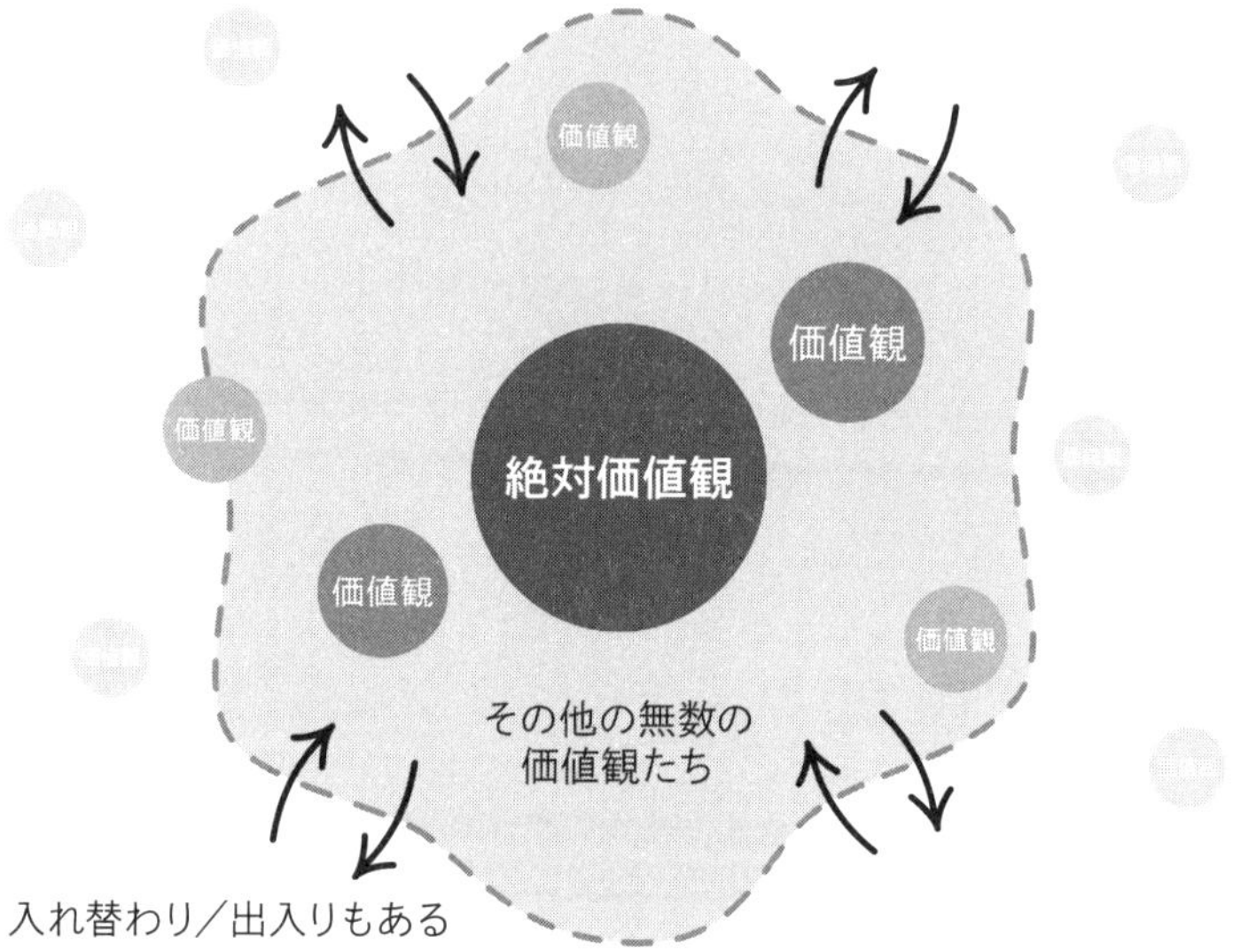

本書でいうところの絶対価値観は、文字通り自分の心の中で核となって存在している。

前述した氷山モデルは、単なる概念的なモデル図にすぎないとはいえ、とてもわかりやすいものでした。

それを使って、海面下を漂う価値観たちをよく観察してみると、そこにはあなたが選りすぐったとりわけ大切な価値観も混じっていることに気がつきます。

それがすなわち絶対価値観（多くは複数）であり、他のぼやっとして見える価値観たちに比べ、自らハッキリと認識している分、見た目にもくっきりとして映っているのがわかる……こんなイメージです。

それでは、さらに話を進めてみましょう。

価値観における「手段と目的」について

シンプルだが重要な「問い」

私が30年以上前に選択した、自分にとってかけがえのない絶対価値観の一つに、「安定と安心」というものがあります。

この価値観、私の中では「(経済的)安定」があればこそ、精神的な安心感を得られるものなので、自分にとって大切な絶対価値観と考え、それ以来ずっと大事にしてきました。

ちなみにその「(経済的)安定」実現のために他の価値観、つまり「出世」や「支配力」があるのであり、それにはまず「健康」という価値観も必要だと自分の中で論理を展開し、これまで日々仕事を頑張ってきました。

ですがある日ふと気がつくと、そこにはもう一つの自分にとって大切な価値観である「家族」や「愛」といったものが絶対価値観として認識されていないことに、遅まきながら気がついたのです。

つまり、自分にとって文字通りかけがえのない「家族」の幸せのために、会社で「出世」をし、より多くの給料を稼いできたのであって、安定や出世そのものが「目的」ではないではないか、とある日ふと疑問を感じたのです。

そういった過去の経験から、私自身が自分の価値観を振り返るたびに、いつも自分にこう問いかけているのです。

「この自分の価値観は、『目的』達成のための『手段』としての価値観なのか、それともその逆としての価値観なのか?」

このシンプルな、でもとても大切な問いかけは、あなた自身もこれから一生を通じて自らに問うことになるはずです。

まずは目的をはっきりさせる

例えば「仮に私の絶対価値観を『出世』とおく。この『出世』という価値観は『目的』であることを証明せよ」といったような自分への問いかけです。

あなたの答えは、「出世が自分にとって大切なのは、それによって将来にわたって収入が増え、結果として子供たちが希望する教育を受けさせることができ、それこそお金の心配をすることなく夢を叶えてあげることができるから」だったとします。

でもあなたはそこまで考えた段階で、ある日にふと気がつくはずです。

「なるほど自分にとっての『出世』とは『家族』を少しでも幸せにするための『手段』としての価値観であって、それ自体が最終目的ではない」

「したがって『出世』という価値観を自分の絶対価値観とみなすのは誤りである」

もちろんこれは単なる例です。自分の頭の中でサクッと展開してみたら、なんと「出世」そのものが「目的」であって、そのために「家族」が存在していたケースだってあるでしょう。

大切なのは「何が自分にとって大切なのか？」のを本音・本心からハッキリとさせることにあります。

そのハッキリと化したゴールに向かうために、あなたの絶対価値観が存在しているのです。

おそらくこれまでさまざまな自己分析を行ってきたはずです。いま、そうして見つけた自分の絶対価値観に、後述するストレングス（強み）を掛け合わせれば、もう準備万端といえます

それでは話をさらに進めることにいたしましょう。

価値観における「優先順位」について

優先順位は常に変わる

その昔に習った仮定と証明、そして結論の関係でも使って「○○が手段ならば□□は目的となる」みたいな公式でもあればいいのですが、現実にはそうそううまく成り立たないことだってあります。

さらに「この2つの価値観はそもそも矛盾などしていなくて、そのどちらも絶対価値観なのです」というケースだってあり得ます。

そう、前述した私のケースがそうであるように、自分の心の中にいる複数の「価値観たち」は、時としてその「優先順位」を変えながら存在しています。

自分の持つ価値観（たち）の優先順位は不動のものではなく、必要に応じてうまい具合に、その優先順位を変えながら存在している、と理解できます。

どうでしょう、これまでの自分の経験を振り返ってみても、普段は「家族」や「愛」が、何より大切な価値観だとして行動してきたけれど、いざ大病をしてみると今の自分とって最も大切な価値観が、突如として「健康」になる。つまり価値観の優先順位が、ある瞬間から変わってしまったという経験がないでしょうか？

大切な2つの考え方

このように私たちの価値観たちは、時と状況に応じてその優先順位を変えながら、それでもいつも私たちの心の中に数多く混在しているわけです。

そしてそれらを「ハッキリ」と「見える化」することができたとしたら、きっと皆さんのお役に立てるはず、との思から上梓したのが本書なのです。

それは例えば、こんな感じの自問自答をすることです。

「キミは自分の本当に大切な絶対価値観として『富（お金）』を挙げているが、それは本来の目的である『愛』を手にするためのものなのだから、そもそもその金儲けは『手段』としての価値観なのではないか？」

「いや、そもそも『愛』だって『富（お金）』あってのものですよ。だから少なくとも自分にとっては『富（お金）』は手段でもあり、それ自体大切な『目的』なんです」

「そうかな、実際には『富（お金）』で手に入る『愛』って、本当にキミが手に入れたいものなのかな？」

「確かに最初は『富（お金）』は手段として必要かもしれないけど、たとえ貧しくても本当の意味での『愛』こそが、キミにとっていまも、これからも一番大切な価値観ないのでは？」


……このように、心の内での会話は尽きることはないのかもしれませんが、自分の絶対価値観をハッキリさせるプロセスにおいて、これら「手段と目的」（もしくは「目的と手段」）と「優先順位」の2つの考え方は、とても大事であるといえます。

第2章

さあ、自分の価値観を知ろう！

本章を読むにあたって

まず、本書でご紹介する「絶対価値観」には、次のような特色があることにご注意ください。

・意図的に可能な限り「日本語だけ」を使って行います。それによりできるだけ「言葉の意味を理解する段階での曖昧さ」の排除を心がけました。
・自分の心の引き出しの中にそっと大事にしまっておきたい、あなたの軸となる絶対価値観を改めて確認することができます。
・それにより、他人や他者（会社）が持つ価値観に不用意に左右されなくなります。
・人によっては「心のよりどころ」を手に入れたと感じるかもしれません。表現は何であれ、例えば「気持ちを整理する」必要ができた場合などに、そのつど立ち戻ってみるといいでしょう。そうすることで、知らず知らずの間につもり積もったストレスが軽減され、気持ちが楽になります。

・何より「自分が納得できる人生」を送ることができるようになります。自分の価値観について「知らなかった」「考えたこともなかった」といったことがなくなり、これまでなんとなく過ごしてきた人生に、1本軸が通ります。

それでは、より具体的にご説明していきましょう。

15の価値観のテーマとは

以下にご紹介する15項目のテーマが、あなたがこれからバリュー・ファインダーを通じてテストした結果、手にするであろう絶対価値観の候補リストです。

ご覧の通りなるべく簡潔に、できるだけ漢字数文字の単語を用い、重複を避けた15項目へと集約しました。なお、掲示された順番自体には、特段の意味はありません。

ちなみに、価値観を表現する単語として、それこそ100個近くをただ列挙している例が散見されます。海外のものを翻訳したものもよくありますが、やはり同じです。その多くの場合、単語同士での「意味の重複」が認められます。

一例を挙げるなら、"Fun" と "Joy" といった具合です。

私たちの多くは英語ネイティブではないため実感しづらいですが、ひょっとしたらネイティブの方々にとっては「明確な意味の違い」があるのかもしれません。
ですが、少なくとも日本語で一般的に訳すと、前者は「面白く、楽しい」で、後者は「喜び」となり、結果似たような意味を持つ言葉として捉えられてしまうのではないでしょうか？ そして、このことが私自身、過去英語でトレーニングを受ける度に感じてきた悩みの種だったのです。

およそ同じ日本語であったとしても、時に人によってその言葉の捉え方、解釈が違うことはままあることです。ましてやネイティブでない者にとって、英単語の持つ意味の解釈には、当然ながらバラツキが生まれがちです。

そんなことから本書では、日本語での表現にこだわり、かつ極力意味の重複を避けながら、15の価値観を「絶対価値観のテーマ」と呼ぶことで、シンプルだけどより認識しやすく工夫してあります。

言い換えればバリュー・ファインダーを利用することによって、これから私たちは絶対価値観のテーマを共有することになります。

つまり、あなたの絶対価値観に「愛」があれば、同じ選択プロセスによって「愛」

を選んだ人たちの間での共通の価値観へとなっていきます。

これは例えば、職場で上司や部下、または同僚との間で、共通する価値観を持つ者同士でつながれる、または会話ができるというメリットが生まれます。もちろんそれは職場だけの話ではなく、プライベートなケースでも同様です。

また、例えば採用面接の場合を考えてみましょう。バリュー・ファインダーを活用することで、面接官としての私と候補者としてのあなたとの間で、共通概念としての絶対価値観を認識することにもつながります。

私が自分の価値観をよく理解し、さらに会社の価値観も理解した上で、それに合致している候補者であるあなたを面接したとすると、その目にはとても魅力的な人材として映るはずです。

バリュー・ファインダーの使い方

これから15の絶対価値観を選ぶにあたって、その言葉の持つ意味を1つずつ解説していきます。その説明の前に、次のような前提条件を共有しておきたいと思います。

単語の「選び方」について

自分の価値観を探すにあたって、これが一番の方法として確立された方法は今のところありません。

例えば、後述するスタンフォード大学教授のケリー・マクゴニガルさんの著書では、シンプルにリストアップされた69個の価値観を表す英単語の中から「3つ選びなさい」と推奨しています。

また、私が33年前にトレーナーとして研修を受けた際のやり方も、例えば「もしこの価値観を失ったら」、逆に「満たされたらどうなる？」といった質問を、英単語一つひとつに対して、自分でその作業を手作業で繰り返し、最終集計をするというやり方でした。

今回のバリュー・ファインダーを活用した方法はというと、前述したようにできるだけシンプルに、わかりやすく、そして何より日本語で行うこととして利便性を高めてあります。

前述したとおり、「カタカナ」を用いて、ただ単に英単語を日本語表示に置き換えることは、極力避けています。

さらにもう一つ大事な点があります。前述したようにケリー教授は69個、私が33年前に選択したときの価値単語の数は、それより少ないとはいえ28個に上ります。すると次のようなことが起きてしまいます。つまり「アレ？　この単語とさっきの単語って、似たような価値観を表わしていない？」ということです。

できるだけ多くの方に、簡単でわかりやすく自分の価値観に向き合っていただきた

いとの考えから、今回バリュー・ファインダーでは、あえて絶対価値観の数を15個に絞り込みました。

それは、面倒だと思われないギリギリの数に絞り込みたいという考えであると同時に、統計的にその数（変数）が多くなることで、「多重共線性（マルチコ）になるのではないか？」、という知人からの指摘によります。

私自身は彼のような統計の専門家でもなんでもありませんが、ずっと以前から同様のテストを行うたびに、不必要に選択肢が多いと面倒なだけでなく、「重複感」や「既視感」が生まれてしまうのでは、という懸念を抱いていました。それが知人のいうような「マルチコ」に当たるものかどうかは別として、バリュー・ファインダーでは、できるだけ絞り込んでいます。

これらも含めて、今後もっといい方法が出現したとしたら、できるだけ速やかにアップデートするつもりでいることも、ここに書き添えておきたいと思います。

今回のウェブ診断で使用している価値観テーマを構成している日本語の単語（つまり診断時にみなさんが選択する単語です）も、今後ともその必要があれば、アップデートを繰り返してまいります。

思っていた単語がない場合

本ウェブ診断の使用にあたって、例えばあなたが「『思いやり』と言う価値観が、いまの自分の中で一番の絶対価値観と思っているけど、残念ながらバリュー・ファインダーの中にはないみたい……」と残念に思ったとしたら、次の方法をお試しください。

まず、あなたの大切な価値観である、その「思いやり」という価値観は、他人への「愛」へと言い換えることができないものでしょうか?

もしこの解釈に納得されるならば、バリュー・ファインダー上の「愛」をあなたの絶対価値観の1つとして選択してはいかがでしょうか?

「いや、あくまでも私にとっての『思いやり』は、その言葉自体が大切なのだから、他の価値観単語には言い換えることはできない」という場合もあるでしょう。

その場合は、どうかそのままご自身の価値観単語の方(この場合は「思いやり」)をそのまま大切になさってください。

今回本書を上梓するにあたり、みなさんと分かち合いたいのはこれら「価値観」が持つ、それこそ「その価値そのもの」についてであって、その表現方法に私自身は何らこだわりを持ちません。

ですから、変な妥協はしないでください。

繰り返しますが、大切なのはあくまでも本音で、本心から選択したあなたの絶対価値観を、「ハッキリ」と「見える化」することにあるだけです。

各価値観の構成

各価値観には、まずその言葉の持つ一般的な定義を示すため、「辞書での定義例」を示しました。これは、「広辞苑（ウェブ）」（岩波書店、2023年1月末時点）を利用させていただきました。この場を借りて心より感謝を申し上げておきます。

次に、あなたにとってより具体的なイメージを持つための一助として、「ご一緒に考えて見ましょう」を、主に私の経験談を中心に解説しています。

しかしそれらは、あくまでもみなさんが自分なりの解釈をする際の「考えるための材料」として添付したものにすぎません。

ですから、ある方にとっては、それは「なるほど」と思われるかもしれませんし、その一方で「まったく同意できない」ということもあるでしょう。

繰り返しますが、どうしてわざわざ私の例をつけたのかというと、それを一つのキッカケにして「あなたにとってどういう意味を持つのか」を考えてほしいからです。言葉にはそれこそ細かく言うと十人十色の解釈もあると思います。まさにそれこそが、ご自分の「価値観」が色濃く反映されるでしょうが、それと同時にそのことが本書の目的の一つでもあります。この機会にぜひ自分なりの解釈を続けてみてください。**ただし前述した「目的と手段」（あるいは「手段と目的」）だけは、くれぐれもはき違えないようご注意ください。**

前述したように、これら15のクラスターに分類された絶対価値観は、巻末に添付したパスコードを使って、ウェブ上で簡単に取捨選択ができます。

その上で、最終的に自分にとってかけがえのないトップ5の絶対価値観として「ハッキリ」と「見える化」することができるよう設計されています。

機会があればぜひお試しください。もちろんこのまま、ウェブテストを行わずに本書のみを読んでの自己分析も可能です。

それでは早速これら15の絶対価値観の持つ意味を、ご一緒に確認して行きたいと思います。

価値観 01

出世

辞書での定義例

立派な地位・身分となること。

▼ご一緒に考えてみましょう

価値観における、「手段と目的」の混同のところで披露したように、よく勘違いしがちな「価値観」の一つです。

会社（組織）においては、そもそも出世しないことにはお給料だって、ボーナスだって、肩書きだって、何だって一つも良くならない仕組みになっています。

所属する人たちが出世を目指すことが、会社（組織）を発展させる動機の一つになり得ることは間違いないことですし、経営者はそれを意図的に社員に求め続けてもいます。

では、この「出世」を、自分にとっての絶対価値観と認めない人がサラリーパーソンを目指す意味とは、一体なんなのでしょうか?

最近では「出世してもろくなことがない」と考える若手が増えてきているのも事実です。ひょっとしたら今のあなたもそうかもしれませんね。

つまり出世に伴うリターンが、それを手にする、もしくは維持する労力、コストに見合わないという価値判断の一つだと推察されます。

それは本音での価値判断として、とても大きな意味を持ちます。

前述したように会社(組織)は、一生懸命出世を目指して社員同士が結果を競い合い、出し合う状況が理想です。

どこも「ウチの社員は欲がないのか、誰一人として出世したいと思ってないようだ」と、その状況を自慢する経営者は、おそらくいないでしょう。

冒頭での辞書による定義には、出世とは「世の中に出て立派な地位・身分となること」とあります。いわば「立身栄達」は必ずしも今の会社(組織)内だけのことを指すのではありません。

そこに規模の大小、場所の違いはなく、自分の考える「立派な地位・身分」へと精進するのなら、転社、転職はもちろんアリです。

この「出世」と言う価値観は、そんなあなたの背中をそっと押してくれる絶対価値観でもあるといえます。

価値観02

競争

辞書での定義例

勝負・優劣を互いにきそい争うこと。

▼ご一緒に考えてみましょう

人生で最初の「競争した経験」って何でしょう？　例えばそれは、「幼稚園や友達同士でのかけっこ」だったりしませんか？　小・中・高校そして大学生活を通して何かと「競争」を強いられてきたという、ややネガティブな記憶がある方もいれば、一方「競争になるといつも燃えた」という負けず嫌いの方もいるでしょう。

世間では「行き過ぎた競争は悪」という風潮もありますが、その一方で健全な競争であれば「むしろ必要だ」と言う方も多いでしょう。

そもそも会社（組織）生活とは有無をいわせず、日々社内外での競争を勝ち抜くのが前提となっています。


これから社会人生活に参加するあなたも、そしてすでに競争の真っ只中にいるあなたも、どうせ競争させられるなら「それを楽しんでしまう」のはどうでしょう?

おそらく、まったく競争のない会社員人生はないと思います。競争とどううまく付き合っていくのかを考えるのも、大切なスキルではないでしょうか。

もちろんだからといって、あなたに無理やり自分の絶対価値観のひとつとしてください、と言っているわけではありません。


さて、「競争」についてもう一つの視点を。

さまざまなスポーツや各種レースを観戦するのが好きだという方も多いと思います。また競馬をはじめとするギャンブルが大好き、いわゆる「賭け事」が人生の楽しみだという方も多いでしょう。

特段金銭が絡むものでなくとも、ちょっとした賭け事、競争が好きだし、それを楽しむのが人生の「目的」であったとしても、それは一つの絶対価値観です。

価値観 03

愛

辞書での定義例

親兄弟のいつくしみ合う心。広く、人間や生物への思いやり。（男女間の）相手を慕う情。恋。

▼ご一緒に考えてみましょう

私自身は「愛（博愛）」が一つの大切な絶対価値観です。ある日、たまたま他人から見てもそうだと指摘されたことがあり、驚いたのと同時に正直「チョッピリ嬉しかった」のを覚えています。

この時の私のように、みなさんも自己判断の価値観と他人評価とが一致すると、軽い驚きを感じることでしょう。

さて、辞書での定義にあるように、一言で「愛」といっても、さまざまな愛の形があります。

ある人にとっての愛とは性愛かもしれませんし、ある人にとっては愛とは見返りを求めない「無償の愛こそすべてだ」といった具合です。

私にとっての「博愛」であれ、あなたにとっての「愛」が別の形であれ、「愛」という絶対価値観には大きな相違はないと思います。

価値観 04

創造性

辞書での定義例（創造）

新たに造ること。新しいものを造りはじめること。

▼ご一緒に考えてみましょう

私は一時期熱心に、とある流派の茶道を習っておりました。それはとてもストレス解消に役立つ、いわば至福の時間だったといえます。

茶室に足を一歩踏み入れた時に、鼻腔をくすぐるほのかなお香の香り。好きな和装もお稽古にかこつけて「お正月でなくとも楽しめた」し、それより何より大好物の和菓子の数々を、その季節ごとの風情とお濃茶を一緒にいただけたのも、今となっては楽しい思い出です。

今でもいい趣味だと思いますが、ある時期スッパリとやめてしまいました。その理由とは何か？

「いや〜太って正座が苦しくなってしまって……」

というのは表向きの理由です。実はあまりにこと細かに決められたお点前の作法が、ある時「ただ正確になぞる」ことの繰り返しに感じられ、それが次第に「自分には合わないな」との確信に至ったからです。

お茶事で亭主役を仰せつかれば、茶室のしつらえから当日使うお抹茶の産地・銘柄一つとっても「亭主の選択のセンス」が問われます。ですから、そこに創造性を見いだす方もいらっしゃるでしょう。しかし私にとって、それは多くの場合単なる組み合わせの妙であって、創造性とは言い難いものだと感じられてしまったのです。

ですから、いわゆる「奥伝」と言われる上位のお稽古を繰り返せば繰り返すほど、こと細かく定められた手順の数々を、間違いなく正確に、かつ優美に「なぞる」と言うのが、私個人としては「合わない」と感じてしまったというわけです。

一方で、本書をしたためる作業というのは私にとっては「創造」的なことであり、これらを考え合わせると、私にとってこの「創造」という絶対価値観は大事なものなのだな、と今回あらためて再認識しました。

このように、「創造性」が自分にとってはどういうことなのか、改めて考えてみるきっかけにしてみるとよいかもしれません。

価値観 05

安定

辞書での定義例

物事が落ち着いていて、激しい変化のないこと。

▼ご一緒に考えてみましょう

上述した広辞苑による「安定」に合致する一般企業は、基本的に存在しないと思った方がいいでしょう。

「いや私が志望する大手商社なら大丈夫」とか「旧財閥系の手堅い会社なら大丈夫」と思われる方もいらっしゃるでしょう。

では、旧財閥系で、しかも護送船団方式といわれるほど国から手厚く保護された金融機関、しかも超大手銀行のここ30年来にたどった軌跡を思い返してみてください。

残念ながら、「安定」とはほど遠いものといわざるを得ないでしょう。

私が初めて「日本統括人事部長」というポジションについた大手米銀には、とても多忙なエグゼクティブがいました。

どのくらい多忙かというと、1週間に2度、ニューヨークと東京とをファーストクラスで往復する人物でした。今のようなオンラインの時代には到底有り得ない行動ですが、インターネットはなく、まだまだ日本の本店が輝いていた時代のことです。

週末ニューヨークを出て月曜の朝の日本での役員会に出席、火曜日の午後までお客周りをしてそのまま成田へ、時差の関係で同日にニューヨークに着くとそのまま本店での役員会に出席。それが終わるとまたJFK空港に向かい、また木曜の夕方には日本に戻って金曜の別の会議に出席をしニューヨークへ……。これは冗談でもなんでもなく本当にあった話です。

そんな彼ですから、航空会社のマイレージは最も優遇されるレベルだったと聞いています。それを聞いた私は羨ましいというより「そこまでする必要があるのか?」と思ったのは読者の皆さんと同じですが、それが求められる時代も、確かに過去あったのです。

さて、その彼が日本での会議の席上で、真顔で私たちに言った次のセリフを、私は今でもよく覚えています。

「日本の都市銀行は間違いなく多くても3行に集約される」、というものです。

若い読者のみなさんは「それがどうした?」とお思いでしょうが、そのエグゼクティブがJFKと成田をせっせと往復していた時代の日本における都市銀行の数は、なんと13行もあったのです。いまやまさしく彼の予言したように「たったの3行(メガバンク)」なのですから驚きです。

このエグゼクティブは、伊達にマイレージを稼ぐ男ではなかったといえます。またこのことは、私に古くから繰り返し言われ続けてきた次のようなセリフ、つまり「今いいと思った会社が20年後、30年後あるとは限らない」「だから将来性のある会社をよくよく探して就職しないといけないよ」ということを現実のものとして実感させてくれるものでした。

さて、そもそも会社員・公務員といった「組織人」を目指すという選択そのものが、「安定志向」そのものであることはいうまでもありません。

そしてそれはある意味ここ日本では自然な選択肢です。かく言う私自身もそうですし、何もあえてリスクが高い企業に就職することもないわけです。

さて、ここで「リスク」と言いましたが、そもそも「完全にリスクフリー」な職業(会社)って、この世に存在するのでしょうか？

確かに「比較的リスクが低い」ということならあり得ます。その代表格が、教員をはじめとする公務員だと言えるでしょう。

それでも、この先の長い社会人人生において「倒産する」ことが絶対ない、とは言い切れません。近年、赤字自治体の存在や市町村合併も話題となりましたし、これから少子化・高齢化が加速する過疎地では、立ち行かなくなるところも出てくるでしょう。

ですからこの項の冒頭で述べたように、ただ「今、この段階で安定しているから」といった現在を基準とした判断で職業選択するのは、よくよく考えたほうがよいのです。

その意味で「逆もまた真なり」で、相対的に安定度が低いと思われる仕事が、最終

的に「人生を通じて安定していた」ということもあり得ます。

とどのつまり、あらかじめわかるのなら苦労はなく、これればかりは予言者でもない限り無理な話、というわけです。

ちなみに前述したエグゼクティブにしても、その当時のエコノミストによるコラムかなんかの受け売りだった可能性もあり、彼らの読み通りに日本の金融業界が危機を迎えた、ということにすぎないのかもしれません。

さてこの「安定」という価値観、意外と思われるかもしれませんが、実は洋の東西を問わず絶えず上位を占める絶対価値観です。

そんなことからも、多くの人が「ある程度の安定（仕事、収入、人間関係から地政学的安定まで）あってこその人生」と考えているのがよくわかりますし、それはある意味、当然といえます。

その意味で、あなたがこの「安定」を求めていたとしてもなんら不思議ではありませんが、その一方でもし、「安定を求めない」という方がいたとしても、それもまた不思議ではありません（スリリングな冒険こそがわが人生だ、とか）。

繰り返しになりますが、あなたの「本音」「本心」での選択が、すべての絶対価値観における基本です。それがいかに「後悔のより少ない人生を過ごす」ことにとって重要なことか、「安定」を自分の絶対価値観として選択するあなたには、よくおわかりいただけると思います。

価値観 06

名声

辞書での定義例
ほまれ。よい評判。

▼ご一緒に考えてみましょう

これから社会人になると、この「良い評判」というものがとても大切になります。**例えばあなたの業績評価とは、イコール「上司や他人からのあなたへの評価」のことを意味します。**

「そんなこと当たり前じゃないの」と思うかもしれません。しかし、良い評判のときは受け入れやすいものの、悪い評判の場合は、正直悩みの種となります。

仮に「他人が自分のことをどう言おうが構わない」と決めていても、やはり気になるものです。どれだけ「上司や他人の見ていない、気がついていないところでも全力で頑張ればいいんだ」と思っていても、残念ながらそれでは多くの場合、業績評価にはつながりません。

「見ている人は見ていてくれる」は、確かにあたっている部分はあると思いますし、また心からそうであってほしいとも思います。

とはいっても、他人のすることですから、必ずしも自分にとって望ましいタイミングで見ていてくれるわけではありません。

高い評価・評判を得て、それらがさらなる名声へと連なる、という価値観を追い求めるのは、会社員なら無理のないことだと思います。

歴史に名を残したい、人から尊敬されたいということを逆にたどっていくと、とどのつまりサラリーパーソンならまずは直近の業績評価をきちんと受け入れましょう、ということになります。

厳しい他人評価を知り、それを受け入れることはとても勇気が入ります。

他人の目に映る自分の姿に愕然《がくぜん》としながらも、これをいい機会と捉え、そのギャップを解消しようと行動できる人もいます。

すべてはあなたの気持ち、捉え方次第なのです。

ちなみに「名声」には自己顕示欲が反映されます。会社・組織が素敵なタイトル（階級・役職名など）を用意するのはなぜかを考えてみてください。

答えは簡単で、平社員よりも課長や部長（あるいはもっとできる人っぽいカタカナの役職名）をつけ、そしてさらにはそれよりもっと上の役員から社長へと、功成り名遂げるのを社員の目標の一つとして動機づけしたいからなのです。

当然皆さんも入社・転職した暁には、そのリクエストに応えることが求められています。

「いや〜、わたしは名より実、花より団子だな」であっては正直困るのです。

なぜなら、名声を得るために頑張ってほしい、というのが会社の一つの本音の価値観なのですから。

もし仮に本当に「名より実」や「花より団子」があなたの絶対価値観ならば、その本音・本心の価値観と、会社がリアルに求める価値観とどう折り合いをとるべきか、この機会に考えてみてはどうでしょうか？

価値観07

家族

辞書での定義例

夫婦の配偶関係や親子・兄弟などの血縁関係によって結ばれた親族関係を基礎にして成立する小集団。

▼ご一緒に考えてみましょう

「はじめに」の中で、私が在籍した多くの会社においてこの「家族」という表現が、昔から繰り返し使われてきたとお話ししたのを覚えておいでですか。

「社員はみな家族（と同様）」とするこの考え方、なるほど1日のほとんどを一緒に過ごす以上、そう言いたくなるのもわかります。

ですが辞書での定義に照らしてみると、「配偶関係」や「血縁関係」がない以上、もとより「〇〇ファミリー」と表現するのには無理があります。

私は色々な上司に仕えてきました。その中の一人に、この「○○ファミリー」という表現が「大嫌い」だった人がいます。

その彼曰く、「ファミリーとは配偶者か血縁関係があるときだけ言える」のであって、会社員同士や企業との関係はそうではない、だから「そう呼ぶな」と公言していました。

「まあ、そんなのどっちでもいいじゃん」とその当時はそれほど意識していませんでしたが、今から思えば彼の指摘は「的を射ていた」ような気がします。

あたかもホンモノの家族関係にあるかのごとく企業が振舞うなら、おいそれと見捨てる（クビにする）こともあり得ませんし、何よりもっと家族の一員である私たちに対して優しいものです。時として「損得勘定なしで」私たちに接してくれるでしょう。

しかしながら、現下の厳しい経営環境ではそれは望むべくもありません。

だとするならば、今一度自分と家族、あわせて自分と会社の関係について、もっと真剣に頭を働かせるいいチャンスと言えるでしょう。

価値観08

自由

辞書での定義例

心のままであること。思う通り。

社会的自由。社会生活で、個人の権利(人権)が侵されないこと。

▼ご一緒に考えてみましょう

あなたは最近はやりの「FIRE」という言葉について、どう思われますか?

大きく「経済的自立」と「早期退職」の2つの意味を有するこのFIRE(Financial Independence, Retire Early)、今から就職しようと考えている皆さんには、ちょっぴり気の早い話しかもしれませんが、一つのキャリア・プランとして考えてみる価値はありそうです。

例えば若手社員のあなたが、日々上司や顧客からのさまざまなプレッシャーにさらされ、「束縛されたくない」「無理強いされたくない」と強く望んでいるとするならば、魅力的な考え方の一つでしょう。

すでに入社する前からこのＦＩＲＥを「手段」として、その結果として得られる「自由」を「目的」として据えている就活生もいるかもしれませんね。

さて、この「自由」には、グローバルな視点から見ると、もう一つ大きな意味もあります。**それは最近よく耳にする国家間における価値観の相違です。**

例えばこういう表現をよく目にしませんか？

「我々西側の価値観とは違う」という表現です。

この場合の西側の価値観とは、多くの場合「民主主義」を指すようで、すると相手側は非民主主義（よく専制主義や強権主義などの言葉を耳にします）であるから、「我々には価値観の相違があると言える」という主張です。

そもそも「国」全体の価値観をどう測るのか、その術を知りませんし、仮にそんな具合に全国民をひとくくりにされても、専制国家にだって「民主主義が価値観」という個人だっているでしょう。

ですから、「自由」という、いまだにアイマイでハッキリしていない言葉を利用してあたかも全体（すなわち私やあなたを含めて全員）の価値観のように表現されることについて、私は正直、以前よりいくばくかの違和感がありました。

グローバルに様々な国の人たちと協働する現代において、「あちら側」とか「国」といったものでひとくくりにして、相手の価値観を決めつけてしまうのはいかがなものか、と思います。

そういう意味においても、とりわけ変化の激しい時代に生きている私たちにとって、これらの「絶対価値観」の持つ意味は重要だと考えられます。

価値観09

健康

辞書での定義例

身体に悪いところがなく心身がすこやかなこと。

▼ご一緒に考えてみましょう

私自身の絶対価値観の一つにこの「健康」があります。それこそ「他人の目」を意識しても変容することのない、文字通り核心的な価値観です。なぜならそれは自分自身の経験に照らしてみても、本当に大事だと言える価値観だからです。

若い読者のみなさんは特にそうだと思いますが、この「健康」、普段は人はみな当然のものとして、特に意識することなく行動をしています。ですが、突然の病気やケガに遭遇すると、改めてその大切さに気がつき、うろたえる……それが「健康」というものなのかもしれません。

私はこれまでいくつか大病を経験してきました。子供の頃は肺炎になりかかって長期自宅療養をし、大人になったらなったで「自然気胸」という左側の肺が全部つぶれるという病気を皮切りに、それからまた別の病気で……と、もうしょっちゅう入退院を繰り返してきました。

ですからこの「健康」という価値観は、ある意味「他のすべての価値観の上にくる」私にとっての絶対価値観なのだと言っても、納得されることでしょう。

健康に限らず、よく「失って初めて気づくありがたみ」などと表現される状況にならないと、本当の自分の気持ちや価値観になかなか気づけないこともあるでしょう。

このように、絶対価値観の優先順位は、その必要性に応じて変わり得ると思っています。

ちなみに、その優先順位が入れ替わることがあったとしても、例えばこの「健康」という価値観は、前述したように私の中では絶対価値観として常に存在し続けているのですが、ただふと気がつくと、いつの間にかその順位がトップでなくなっていたりします。

それこそ、それは特段「健康」を意識しなくてすんでいる「束の間の幸せな健康な時期」であることの証しだと、時折気がついては心から感謝して過ごしています。

価値観 10

誠実

辞書での定義例

他人や仕事に対して、まじめで真心がこもっていること。

▼ご一緒に考えてみましょう

みなさんが志望される、あるいは働いている会社の多くは、さまざまな経営上の方針や主張を表現したものを持っていることでしょう。

それは例えば「経営理念」「経営方針」「行動指針」という名称であることもあれば、「社是《しゃぜ》」といった、何やらクラシカルな響きを持つ言葉であったり、「ミッション」「パーパス」といったカタカナの言葉だったりします。

大事なのは、これらにはまさに会社の持つ価値観が色濃く投影されている、ということです。

そしてそこには、いまここでお話をしている「誠実」という言葉が頻繁に登場します。

例えば「住友商事」では、同社の行動指針の冒頭で「住友の事業精神のもと、経営理念に従い、誠実に行動する」と「誠実」が大事な価値観の一つであると明確に述べています。

また「ブリヂストン」では、同社の4つの企業理念の一つとして「誠実協調」を掲げていますし、なにより究めつけはセブン&アイ・ホールディングスの社是です。

同社では、

・私たちは、お客様に信頼される、誠実な企業でありたい。

・私たちは、取引先、株主、地域社会に信頼される、誠実な企業でありたい。

・私たちは、社員に信頼される、誠実な企業でありたい。

と、まさに「誠実」のオンパレードです。同社を志望されている就活生が、もし自分の絶対価値観に「誠実」がない、とあらかじめ自覚できていれば、面接にあたって準備することができるでしょう。

バリュー・ファインダーで挙げた15の価値観は、そのすべてが基本的に誰しもが（程度の差こそあったとしても）、本来大事にしてきた伝統的な価値観たちだと考えています。

例えばこの「誠実」ですが、他人から「あなたの絶対価値観のひとつは、私の目から見れば『誠実』のように思えてなりません」と評価されたとしたら、嬉しく感じない人はいないでしょう。

反対に、もし仮に「あなたからは『誠実』さを感じられない」と評価されたら、少なからずショックだと思います。

「名声」のところでも述べましたが、基本的に世の中は「他人評価がすべて」です。

いくら「私はこんなに誠実な人間です！」と叫んだところで、他人の目に不誠実に映るとしたら、それがそのままあなたの評価となってしまいます。

一方で、これも繰り返しになりますが、本当のあなたを知っているのは「あなただけ」であるのも事実です。

一例として挙げたような厳しい評価も「評価」の一つに変わりありませんが、その結果に一喜一憂して、自分の「本音・本心からの価値観」を見失うことがあってはいけません。

あなたの本音・本心の価値観は、何も他人と無理に共有する必要はありませんし、同調する必要もありません。

もし仮に無理に同調しようとすると、その結果、あなたの本音・本心の価値観が「他人に見せるための価値観」へと変容してしまいます。

あくまでもあなたの本音・本心からの価値観である絶対価値観は、ご自身の心の引き出しの中にしまって、大切にしておくべきです。

それらを踏まえたうえで、あらかじめ志望する会社の価値観との齟齬がわかっていれば、それに対応することができます。

前述したセブン&アイ・ホールディングスのケースでも、ある人は単純に「自分の価値観とあわない」と正直に判断し、方向転換するかもしれません。またある人は、この機会に「微調整」をすることで次の展開が広がるかもしれません。

確かにどちらもアリなのですが、そのいずれの場合においても、まずは自分の絶対価値観を知らないことには始まりません。その意味でも、バリュー・ファインダーによる診断結果がお役に立てると思います。

価値観 11

つながり

辞書での定義例

つながること。また、そのもの。きずな。連携。関係。

▼ご一緒に考えてみましょう

この言葉を目にして人は一人で生きていけないものだなと、これまでの自分の人生を振り返って、いまさらながら強くその思いを新たにしています。

就活にしても転職にしても、さらには起業するにしても何にしても、どれ一つをとっても私一人だけの力では、これまでやってこられませんでした。

さて、社会人になると、学生時代のクラブ・サークル活動のような「同好の士」の集まりだけでなく、いわゆる「異業種交流会」などのように、あえて他業種、他社の人との出会いを求めることが必要になったりします。

ただこの異業種交流会、いつの間にかその目的が、「できるだけ多くの名刺を交換し、集めること」になりがちです。特に業務として異業種交流会への参加を命じられる場合などは、そうでしょう。最近では、多くの名刺を簡単にスキャンし、データベース化できるアプリも登場しています。

「数撃ちゃ当たる」と信じている人・会社にとって「量は命」です。たった一度の名刺交換で、一体どれだけの会社が真剣に返事をくれるのかはわかりませんが、「先日の交流会でお目にかかった〇〇です。できれば一度ご挨拶を……」というのが、そんな会社の営業スタイルです。

ここで、冒頭の辞書の定義を見てください。「きずな」「連携」が大切な意味を持つことにお気づきでしょう。

結局「困ったとき／まさかのときの友が真の友」がビジネスでもあてはまるわけですから、やたらと数を追うよりも、相手を思いやる関係になる、という目的は見失わないようにしましょう。

ちなみに、日本人は簡単に「友達」と言う言葉を使いますが、外国人（多くは米国人でしたが）から見て、「知り合い（acquaint)」と「友人」の違いを混同している日本人が多い、と指摘されたことがあります。

たった一度の名刺交換ぐらいで「お友達」にはなれません。でも幸いなことに「お近づき」にはなれたのは事実です。

本当の「知り合い」に、またそこから「お友達」になれるかどうかは、まさにあなたの「他者との関係を大切に思い、それに沿った行動をするかどうか」次第です。

同窓会に同級生、同じ町内会に同じ会社の仲間・同僚など、思えば私たちの周りは「つながり」だらけです。「つながり」を絶対価値観だと判断するあなたは、こうした数々のつながりを大切にしつつ、新たなつながりを求めるのがとても大事だ、といえるでしょう。

価値観 12

知識

辞書での定義例（知識欲）
知識を追求する欲望。

▼ご一緒に考えてみましょう

知識とは、何も学校で学んだものだけではありません。

入社後すぐに受けることになる「新入社員研修」だってその一つです。また本書を読んでいること自体が、すでにあなたの知識欲の一つの証明といえます。

私が最初に外資系の会社に転職し、任された仕事は人材開発部門でした。そしてそれはいまもって、私のコンサルティング分野における大事な強みとなっています。

ちなみに、私がトレーニング・マネージャーとして「社会人教育で心がけていること」の一つに、「社会人は自分にメリットのあるものしか学ばない、興味を示さない」ということがあります。

そしてこの点が、いわゆる学生時代における勉学との大きな違いとなります。

正直、社会人はみな忙しいです。理不尽なぐらい短期間での結果を求められもします。したがって、のんびり学習をしている余裕はほぼないでしょう。

サクッと必要なところを、それこそタイパ（タイム・パフォーマンス）で吸収する能力が求められます。しかもその求められる学習スピードは、年を追うごとに速くなっており、おそらく今後も加速していくことでしょう。

ちなみに「知識」を絶対価値観とされる方々の中には、いずれアカデミックの世界に戻りたいと思っている人もいるかもしれません。自分の価値観である「知識欲」は、会社人生活の中では満たされないから、という理由です。

しかし、言うまでもなくアカデミックの世界においてもタイパは求められますし、そこでもやはりそれなりの成果が求められます。ですから何も会社員をやめてまで追求しなくても、いやむしろ二足の草鞋を履きながらの方が、より効率よく自分の知識欲を満たすことだってできるかもしれません。

なんでもかんでも「ゼロか100か」として行動する必要はないのです。

もしあなたの絶対価値観にこの「知識欲」があるのなら、前述した社内研修にだって、日々の仕事にだって、あなたの知識欲を満足できるものがきっとあるはずです。

価値観 13

快楽

辞書での定義例

きもちよく楽しいこと。特に、欲望が満たされた心地よさにいう。

▼ご一緒に考えてみましょう

私は「楽な方へ、楽な方へ」と流され、というよりもむしろ意図的にそれを選択して生きてきました。

これは決して自慢しているつもりはなく（決して自慢できる生き方でもなかったのですが）、それが率直な自分の気持ちです。

そしてこういう「いつだって楽をしたい」といった快楽主義的な価値観も、自分の立派な絶対価値観の一つだと思います。

私の母は、常日頃から「食べ物だけはケチるな」と言って私を育ててくれました（とはいえ、何も贅沢していたわけではありませんが……）。いまにして思うと、それだけでも十分に幸せな子供時代だった思います。

そんなこともあって、身の丈にあった「グルメ」を追求してきました。もちろん、その代償を払うことがあります。

メタボや高血圧はもちろんのこと、これまで幾度となく激痛を伴う結石ができたことがありました。しかし、ご想像の通り「喉元過ぎれば熱さを忘れる」ものです。

いつでもどこにいても「常にラクしたい」を価値観にもつ、私の本音であり本来の姿なのです。

すると、すぐにまた美味しいもの巡りを始めては、年一回の定期健康診断を、内心では、いつもビクビクしながら受けることになります。

それでも懲りずに「楽な方、楽な方」へと流れに身を任せる私は、つくづくここでいう「快楽」が大切な絶対価値観なのだなと、本書を執筆しながら、これまでの自分の過去の行動を振り返って、改めて再認識してしまいました。

このように、自分の絶対価値観に「快楽」があるとするならば、それと向き合ってどのようにつきあうのかを考えることも、とても大切なことなのです。

価値観 14

信仰

辞書での定義例

信じたっとぶこと。

▼ご一緒に考えてみましょう

後述する「世界価値観サーベイ」の中でもご紹介していますが、日本人の場合、この信仰心は、優先順位の上位に現れることはほとんどありません。

ですからこのような日本において、本音・本心から「自分の絶対価値観は『信仰(心)』だと強く思っているあなたにとっては、とても「言い出しづらい」価値観であることも事実だと思います。

しかし、何度も繰り返しますが、自分の本音の、本心の価値観は他人に明かす必要はないのです。

むしろ、そっと心の棚の中に大事にしまっておいてください。その上で必要なつど再確認する、ということでいいと思います。

さて、日本人の場合「信仰」が価値観として表れることが少ない、と述べましたが、必ずしも「日本人の信仰心が薄い／失われた」ということではありません。

意識することは少ないかもしれませんが、多くの方が初詣に出かけますし、何かあるときに寺社仏閣にお参りすることもめずらしくありません。

グローバルな働き方が求められるいまだからこそ、こうした「信仰」という価値観について改めて理解しておくことは大切です。

なお、「あなたには信仰心がない」と他の人の眼に映っていたとしても、またその逆だとしても、決してあわてることはありません。

何度も言うように「人は人、自分は自分」です。

ご自身の本音や本心からの絶対価値観について、他人からとやかく干渉されたくないように、他人に対しても干渉するべきではありません。

特に「信仰」はセンシティブなものですから、十分な配慮をもった言動・行動をなさることをお薦めします。

価値観 15

富（お金）

辞書での定義例
集積した財貨。

▼ご一緒に考えてみましょう

「富（お金）」はいうまでもなくとても大切でありながら、かつ絶えず「本音と建前」が交錯する絶対価値観の代表例でもあります。

たとえば、どうして私たちは、もっと素直に「ゼニがすべて」と言えないのでしょうか？

以前、とある女性の漫画家さんのコラムを拝読し、夜中にひとりで大笑いした経験があります。

彼女の実家は敬虔《けいけん》なキリスト教の信者（むしろ神父とか牧師といった、「布教する側」のお宅だったと記憶しています）なので、毎度食卓を囲む際には神様へのお祈りが欠かかせなかったそうです。

ある日彼女が、久しぶりに実家に戻ったときのことです。いつもの神様への感謝のお祈りの後に、その日の食卓にのぼっている料理を前にして、お母様がボソッと、こう呟いたそうです。

「やっぱ世の中はゼニだわな……」

先ほど私は大笑いしたと書きましたが、誤解のないように付け加えるならば、もちろんそれは抱腹絶倒の面白さというわけではなく、むしろ目から鱗が落ちた、そんな気分を味わった、と言うのが正確です。

「なんて自分の気持ちに正直なお母さんなのだろう……」と、清々しい気持ちになりました。

数ある価値観を表現している単語から、自分の絶対価値観を現していると思われる言葉選びを進めて行くと、やはりある程度の国民性というものが見えてきます。

例えば欧米人、とりわけヨーロッパ系の方は自分が大切にしている価値観の少なくともトップ5の中に「宗教心」を選択するといわれています。

翻ってここ日本ではどうでしょうか。先ほどのお母様ではありませんが、思いのほか現実的な国民性なのかもしれません。

当前のことながら、彼女に宗教心がないわけではありません。ただ神を敬い、日々ご奉仕する身であったとしても、やはり「腹が減っては戦ができない」のは事実。

決してお母様も、漫画家さんご本人も信仰心が薄いわけではない。ただ自らの信仰心と同じぐらい日々の生活を整えるのも親としての勤めであるからこその、先ほどの素直な心情の吐露だったのだと思います。

繰り返しますが、ここでは自分の心に正直に、素直に向きあう絶好のチャンスです。

「やっぱゼニだわな」を単なる笑い話として捉えるか、それとも「まったく同感です」と自分の心に素直に従うか。

それもこれも、すべてあなた次第です。そしてそのためにバリュー・ファインダーがお役に立つはずです。

番外

無価値

無価値

▼ご一緒に考えてみましょう

実は私、よく京都に出没しています。古くは東山銀閣寺に、「研修道場」という銀閣寺版カルチャー・センターがあった時分に、それこそ毎月のように活け花（古流）を習いに行っていました。

数年前のコロナ禍の時期には、「ワークフロム京都」を密かに実践しておりました。そんなことから休みの日には、外出制限ですっかり人気のなくなった河原町あたりを、よく一人でぶらぶらしたものです。

そんな時分にランチでよく立ち寄ったお店の名前が「無目的カフェ」（本当の店名

はアルファベットで表示されています）でした。この「目的のないカフェ」というネーミングが気にいった私は、その当時ちょくちょく出かけて行ったものです。

翻って仮に「無価値カフェ」というネーミングだったとしたら、人は入るでしょうか？

その答えを聞くまでもなく、きっとそんなネーミングのカフェには閑古鳥のさえずりが響き渡るに違いありません。

2003年に『「クビ！」論。』を上梓してからしばらく経った時のことです。同居していた下の娘が、まだ中学校に上がったばかりの頃でした。税務の相談も兼ねて顧問税理士の先生とお目にかかったことがありました。

その時は先生から何も言われなかったのですが、しばらくしてまたお目にかかった時に「実はあの時は心配していたのよ」と打ち明けられたのです。

私からしたら「えっ」と驚いたほど、本人としてはまったく自覚がなかったのですが、傍（先生）から見た当時の私は、とても思いつめている様子だったそうです。

それこそ、「いまにも死んでしまいそうな」状況にまで見えたと言われて、2度ビックリした記憶があります。

確かにその当時の私は、フリーランスになったばかりで、肉体的にも経済的にも大変な時期でした。朝から子供の面倒をみて、掃除・洗濯・洗い物を急いですませたらすぐに打ち合わせに出かけて、その後夕飯を買い求めたら即座に家に戻る。そうこうしているうちに娘が学校から帰ってきたら「おかえり」を言って、あり合わせで夕飯を用意して……という毎日を送っていました。

それこそ、駆け出しのフリーランスとしてゴールデンウイークも、お盆も年末年始もなく、強いプレッシャーのもとで仕事をこなし、そのうえで家事をやっていました。ですから、知らず知らずのうちにそこかしこに現れていたのでしょう、「限界のサイン」が、です。

おそらくそんな私を見て税理士さんは「大丈夫かしら?」と思って心配くださったのでしょうが、問題は当の本人にはその自覚がなかったことです。

今回もしあなたが、どうやっても自分の絶対価値観が見つからない。自分の人生においで大切にするものなどなく、「無価値」だと思っているとしたら、それは当時の私の税理士さんがそうであったように、あなたのことがとても心配です。
もし悩むことがあれば、ぜひ周りの方にご相談ください。友人・知人にグチを聞いてもらうのもいいかもしれません。

とにかく一度「他人から見えるあなた」について、正直な感想を求めて欲しいのです。

かつての私がそうであったように、自分では気がつかない間に、抱えきれないほどのストレスや悩みを抱えていて、ご自分の人生を大切にできなくなっているかもしれません。ぜひ信頼できる方やご家族にご相談ください。
これは私からそんなあなたへのたってのお願いです。なぜなら、本来そんな「無価値カフェ」が好きなあなたなんて、いないはずですから……。

第3章

意外と目にする価値観たち

身近にある「価値観」たち

この機会に改めて世の中を注意深く観察してみると、いわゆる「価値観」に関連した言葉（単語）が世の中には、思いのほか出回っていることに気がつきます。

そもそも価値観（英語でSense of Values）とは一体何なのでしょうか？

これまで特段の関心も、注意も払ってこなかったこれら価値観の、とりわけご自身にとって持つ意味を、この機会に探っておくのも有意義だと思います。

その一つの参考になればと思い、心理学や社会学の分野で世界規模に行われた価値観調査研究についても、本章では見ておきたいと思います。

おそらくその分野では大規模な研究の一つとして、「世界価値観調査（World Value Survey）」というものがあります。これは、世界120カ国の社会学者や研究者のネットワークによるもので、5年に1度、実施されています。

同調査結果でわかったことの一つに、国や地域によって人々が重視している「価値観」には違いがある、ということがあります。

そこではまた、同じ国においてもですら時代によっても、人々の価値観が変動していく、という事実が報告されています。

もちろん、「その内容すべてが変化する」という意味ではありません。その優先順位が時代を反映して変わりながら、私たちの心の中に出現してきた結果だと考えられます。

その一方で、価値観には「個人」にとっての価値観のみならず「集合体」、例えば国家の価値観や会社の価値観といったものも存在します。

前者には前述したように、例えば「民主主義」は西側国家の代表的な価値観であり、「利益」もまた資本主義国家においては「主たる価値観」であるといったことです。

またそれは、国家や会社といった大きな組織でなくとも、より小さい組織、たとえば友人・知人たちとのグループといった、ごく小規模な集団においても存在したりします。

　このように、よくよく注意して観察してみると、思いのほかこの「価値観」という概念は、私達の日常に深く関係していることがわかると同時に、これまで特段注意も払ってこなかった、という事実にも気がつかれるはずです。

世界における「価値観」とは

日本の「信心深さ」は最下位

ここで前述した「世界価値観調査」に基づいた分析をご紹介しておきたいと思います。

「『世界価値観調査』レポート」というもので、電通グループの社内組織である電通総研と同志社大学のメディア・社会心理学研究分野の池田研究室の両者が、この「世界価値観調査」について独自に国際比較分析を行ったものです（https://institute.dentsu.com/articles/1706/）。

同調査はとても興味深いものですので、お時間のあるときに、ぜひみなさんも一度ご参照下さい。

ちなみにこれは、「個人」を対象に価値観を聞いたもので、その設問の範囲は政治観、経済観、労働観、教育観、宗教観、家族観など２９０項目に及ぶという、かなり大がかりなものです。

とりわけ私が興味を覚えたのが、「宗教・信仰心」に関するデータで、日本人の信心深さは最下位（対象77カ国中最低の77位）という事実を示したものです。

例えば「神の存在を信じるか？」という設問に対して、対象75カ国中日本は72位の39・５％、「自分は信心深いか？」という設問に対しては、なんと対象77カ国中最下位の14・４％という結果でした。

欧米の人々は、何を重要視するのか

私が最初に自分自身の価値観に向き合った33年前（１９９０年）に、当時のインストラクター（米国人）が指摘したのもこの「宗教心」についてでした。

理由は人それぞれですが、彼の経験に照らしてみると欧米人の絶対価値観には、多くの場合次の２つが入る。１つは「家族」で、もう１つがこの「信仰・宗教心」だと教えていただきました。

今回その当時のノートを読み返してみると、アメリカ・カナダ（北米）でよく見られる「個人にとって大切な価値観」のトップ3は、「自由」と「経済的安定」そして「達成感」だそうです。

他方でヨーロッパ、とりわけドイツでは「何が大切なのか？」と尋ねると、必ず「宗教心」が上位にランクインするとのこと。いわゆる欧米と呼ばれるグループ間でも、それぞれお国柄があるものだなと感心したことを覚えています。

ちなみに北米では反対に、「選択されない価値観」には何があるかというと、その一つが「秩序」だそうで、これを聞いた私は当時「妙に納得した」記憶があります。

そういう経験もありましたので、ここで引用させていただいた世界価値観調査の結果には私個人として特段の驚きは感じませんでした。

もし仮に「若干違うのでは？」と思ったことがあるとしたら、前述したように私たち日本人の多くは、確かに表立って特定の宗教に強く帰依はしていないかもしれませんが、それでも「困った時の神頼み」に始まり、初詣にもいきますし、おみくじだって引いちゃうわけです。こうした行動から考えると、心の深層部分には、まったく信仰心がないとは言い切れないのでは、と感じています。

このサーベイの結果から、いわゆる国民性が価値観に投影される、ということがわかります。であるならば、さまざまな国や地域の方々と協働することが多い現在、こうしたことをしっかりと押さえておくことは大切だといえます。

とはいえ、もとより同じ国の中でも、各個人レベルでは人それぞれです。

繰り返しになりますが、「この国の人だから、こうするにちがいない」といった十把一絡げな物言いは、とりわけ一方的な決めつけとなり、それは「不当な差別」へとつながることが往々にしてありますので、お互いに十分に注意を払いたいものです。

自分の価値観をハッキリさせる理由とは？

これからみなさんが飛び込む日本のサラリーパーソン社会では、あえて物事を曖昧にしておくという考え方が根強く残っています。

なんでもかんでもハッキリと白黒をつけたがるのが、多文化・多人種で成り立っていることからくる、いわゆる外資系企業での価値観だとすると、日本企業ではわざと曖昧さも残しているところが多いように見受けられます。

いわば「ハッキリ」と「アイマイ」の2つが混在しているのが、ここ日本における代表的な組織の特徴ということになります。

ここで企業と個人の持つお互いの価値観の「力関係」を考えてみると、人生のほとんどの時間を「会社」という、よりハッキリとした強い価値観を持つ相手に対して、個人の立場（価値観）は相対的に弱くなりがちになる、というのはおわかりでしょう。

このことは、すでに冒頭の「はじめに」においても触れましたが、もしハッキリとした組織としての価値観を持つ会社が、価値観をアイマイなままにしているあなた個人と対峙した場合、その結果はより明白です。

あなたはおそらく、それほどの時間をかけることなく、そしてさほど意識することもなくいつの間にか「会社の価値観は自分の価値観とそもそも同一だった」と勘違いし始めることでしょう。

あなた方はこれから、このように「力関係」が明確に存在する場（会社）に身をおくわけですから、とりわけ自分の「ブレない価値観」をできるだけ早く認識しておく必要があります。さもなければ、どうしてもブレない相手の強い価値観に引きずり込まれてしまう、ということは、容易に想像できるでしょう。

それらの理由から「いまさらだけど、いまだからこそ」のタイミングで、あなたが自分の大切な絶対価値観を認識することが大切なのだと、私が繰り返し主張しているわけです。

自分の価値観を「ハッキリ」させるメリット

不慮の「ストレス」に対応する

ここで、価値観をハッキリと「見える化」させる具体的なメリットをいくつか挙げてみましょう。

- 漠然とした不安感（ストレス）に対応できます。
- 強い価値観を持つ相手（会社）と対等に向き合うことができます。
- 「自分の人生の目的」がハッキリと意識できます。

まず、1番目に挙げた「ストレス」について見ていきましょう。

私自身もそうですが、突然予期していなかったことが、しかも「悪い出来事」が襲ってくると気が動揺し、不安な気持ちになります。そのような状態のことを一般的に「ストレス状態にある」といいます。

このよく用いられるストレス、広辞苑では「種々の外部刺激が負担として働くとき、心身に生じる機能変化」と、なにやら難しく表現されています。

また、厚生労働省のサイトでは「身体的要因、心理的要因と社会的要因からくる、刺激を受けた時の緊張状態である」と定義されています。

日常の中で起こる、さまざまな変化がストレスの原因になるとされていますが、毎朝目が覚めた瞬間から夜眠りにつくまで、私たちはずっとストレスの中にいるということです。

歳を重ねた分、私はみなさんよりたくさんのストレス状態の下でこれまでサラリーパーソン生活をこなしてきました。

時にはより強いストレス状態の下であっても、ひたすらにただ黙々と仕事をこなし続けた時期だってありました。幾度となく経験した「クビ！」なんかも、その意味で強いストレスの典型的な例です。

誰しも突然やってくるリストラには緊張します。特に、私が所属している外資系の企業では、突然のリストラはさほど珍しいことではありませんでした。そしてその緊張は、すぐさま、さまざまな不安となって自分の身に襲いかかってきます。

「家に帰って家族にはなんて伝えよう」
「ああ、来月からの住宅ローンの支払いはどうしよう」
「健康保険証っていつまで使えるのだろうか?」

例えばこんな具合に、数えきれない不安が突如として自分の身にのしかかってくるのです。そんな状況下にあるとき、例えば私は一体何をどうやってその不安と対峙してきたのか……。その答えの一つが、本書のテーマである価値観にあります。

こうした不慮のストレスに見舞われたときこそが、自分の中にある「ブレない価値観」が最も役に立つ瞬間といえるでしょう。

自分の価値観を書き記してみよう

もう少しみなさんと「価値観」と「ストレス」について考えてみたいと思います。

それについて書かれたものとして、スタンフォード大学教授のケリー・マクゴニガルさんが執筆した『スタンフォードのストレスを力に変える教科書』（原題：THE UPSIDE OF STRESS）をご紹介しておきたいと思います。

同書では、「自らの価値観がストレスをいかに軽減するか」について言及しています。とりわけケリーさんは、「自分の価値観を書き記すことの重要性」について述べています。

それは、例えば本書（『「絶対」価値観。』）を読んだ後で、あるいはウェブ診断テストのバリュー・ファインダーを使って自分の価値観をハッキリと認識できたら、それらを書き記しなさいということです。

そのように価値観を書き記すことで、短期的なメリットとして「自分自身がさらにパワフルに、落ち着いてもっと自信が持てるようになります」とケリーさんは語っています。

加えて長期的な視点からも、試験の結果（米国の例ですので、私の読んだ原書の中ではGPAと書いてありますが、さしずめ日本なら「大学入試共通テストの点数」にあたります）が上がります。さらに病気でお医者さんにかかることも減りますし、「精神衛生的にも良い」といった具合に、その効用について具体的に紹介されています。

また、同書の中で彼女は、スタンフォード大学の心理学者であるジェフリー・コーエン氏とデヴィッド・シャーマン氏による２０１４年の論文「変化の心理学：自己肯定感と社会心理学的介入」を引用し、次のようにも述べています。

「時を重ねるにつれ、このように繰り返し自分の価値観を書き記すことで、人は自分自身がさまざまな困難に打ち勝つ人と思えるようになる」

これらは「自己暗示効果」と呼べるものですが、ここで一つ気になる点を挙げるとするならば、メリットとして挙げられている自己暗示の持つ力とは、「一体どういうものなのか？」という点です。

次の項では、このことについて見ていくことにしましょう。

「自己暗示効果」との違い

自己暗示によって体の筋肉の緊張を解きほぐし、中枢神経や脳の機能を調整し本来の健康な状態へ、心身を「整える」ことを目的とした訓練法（自律訓練法）が厚生労働省のサイトで紹介されています。

「１９３２年にドイツの精神科医シュルツによって体系化され、心療内科における代表的な治療法として広く使われ、疲労回復やストレスをやわらげるなどの効果があります」とありますから、90年以上にわたって活用されている方法であることがわかります。

前述したスタンフォード大学のケリー・マクゴニガルさんの著書では、同大の二人の心理学者（コーエン氏とシャーマン氏）が過去15年にわたって研究した結果、自分の価値観を書き出し、ある種の「自己暗示」をかけることで、「ストレスを軽減し、そうした状況に立ち向かうことができる」、いわゆる「心が整う」メリットが紹介されている、と前項でご紹介しました。私もその主張には賛成です。

ただそれと同時に、同著の中での引用文は例えば「そのような傾向が見られる」と表現されており、決して「必ずそうなりますよ」とまでは断言されていないということも、頭の片隅にとどめておく必要があります。

一般的に「もっとポジティブになれるはず」「自分は困難に打ち勝てる人間だ」と自己暗示をかける手法については、ある方は「効果がある」と主張するし、その一方で「必ずしもプラスの面ばかりではなかった」「行き過ぎるとかえってプレッシャーが増す」といったマイナス面を訴える方もいます。

本書でいう自分の価値観をハッキリと認識することのメリットは、「ストレスを減らします（が行きすぎると逆効果です）」といったものとは少し異なり、もっと根源的なものです。

私自身、前述したリストラのような強いストレスに見舞われた際に、自分の絶対価値観に一度立ち戻り、何を優先すべきかを改めて確認することで、その結果を「心のよりどころ」としてとらえ、その時の気持ちをうまく落ち着かせることができました。**つまり絶対価値観とは、つい自分を見失いそうになる厳しい状況に追い込まれたときこそ、再度「ハッキリと認識し直す」ことで、自分の軸を取り戻すことができるものなのです。**

価値観を書き記して、「自分はこうあるべきだ」と自己暗示をかけることと、「絶対価値観」を認識することは、似て非なるものです。

たとえば「金持ちになりたい」から「金持ちになれるのだ」という自己暗示をかけて、それに向かっていく、というのとは異なります。

「富（お金）」は価値観として、そもそも「ブレることなく最初から持っている価値観」なので、結果的にお金持ちになれるかどうかは、あまり関係がないのです。

絶対価値観とは、私たちが「最後に立ち戻るべきもの」であり、その結果「心のよりどころ」として、みなさんに安心と、次へ立ち向かう心の支えを与えてくれるもの、といえるでしょう。

就活でどんなメリットがあるのか？

価値観で会社を選ぶ時代

前述したように、多くの会社では面接プロセスに「コンピテンシー」を活用していますから、そこではあなたの価値観が重要な意味をもちます。ここではさらに、価値観にまつわる興味深いインタビュー記事をご紹介しましょう。

「どの会社でもコードを書くことはできるが、どの会社に共感できるかを働き手は重視している」

セールスフォース　ブレット・テイラー共同ＣＥＯ（日本経済新聞朝刊２０２２年10月８日付）

「世界シェアナンバー1のCRM（顧客管理システム）が、お客様と新しい市場をつなげます」（同社ウェブサイトより）を標榜する、米IT大手のCEOのインタビュー記事からの抜粋です。

同記事では、コロナ後におけるワーク・ライフバランスの難しさ、とりわけ経営者と従業員の意見の相違について言及していました。

自社の採用活動を踏まえ、「人材の獲得競争は今も激しい、若い人を中心に働き方も含めた『価値観』主導で会社を選ぶ傾向も強まっている」（同記事）と紹介されていました。

この記事からは、ハッキリと見える化した絶対価値観をベースに、候補者自身が会社を選ぶ時代の到来を予感させてくれます。

最終的に決めるのは「自分の価値観」

ここで誤解のないように触れておきたいのですが、会社選びの主導権は、もともと「あなた」にあるのであって、最終決定権は会社にはありません。

「それは違う、そもそも入れる・入れないは相手（会社）に決定権があるではないか」とおっしゃる方もいるでしょう。でもここで一度よく考えてみてください。

そもそもその会社を志望する、受験する、そして内定を受諾するといった一連の決定は、すべて最終的にあなた自身が下しているのです。

では、そもそもその「決定」は、いったい何をもってなされるのでしょうか？

ある人は「親のススメ」と言うかもしれませんし、「世間体がいいので」決めているとおっしゃるかもしれません。でもそれらがたとえ前提条件としてあったとしても、最終的に決定したのはあなたであり、そこにはあなたの絶対価値観が大きく関係しています。

ちなみにあなたがご両親の意見を尊重するのはなぜでしょうか？　それはあなたにとって、「そうすることが大切だから」ではないでしょうか？

では、なぜそれが「大切」なのかというと、両親すなわち「家族」があなたにとっての大切な絶対価値観の一つだからではありませんか？

同様に、例えばあなたが気にしている世間体は「名声（評判）」に、お給料が大事ならば「富（お金）」という価値観が、あなたにとって何より大切な絶対価値観だから選択しているのです。

もしそうでないとしたら、きっと後悔する間違った選択となってしまうでしょう。

なぜならこれからの人生にそうはない「就活」「転職」という自分の絶対価値観を実現する絶好のチャンスを、みすみす見逃すことになるからです。

就活にせよ転職活動にせよ、それがどんなに不景気や氷河期に行われようと、応募から内定の最終受諾までに至るまで、そのプロセスすべてにおける最終意思決定権者はすべて「あなた」であることを忘れないでください。そしてそれらはすべて、あなたの絶対価値観に基づいています。

「なるほど、だからいまの自分にとって絶対価値観を知ることは大切で必要なことなのだな」と、ここで改めてご納得されたことでしょう。

価値観に「良い」「悪い」は存在するのか？

誰もが納得する「悪い価値観」はない

価値観に「良し」「悪し」なんて、そもそもあるものなのでしょうか？

仮に存在するとしたら、会社はそんな「悪い価値観」を持つ就活生・転職希望者を面接で炙《あぶ》り出し、落そうとするでしょう。

たとえば「性格がいい」「性格が悪い」、といった表現をよく耳にします。

ある人の目から見たときにその人の性格が受け入れ難いとしたとしても、はたして万人が「性格が悪い」と受け取るかどうかはわかりません。ましてや「価値観」に至ってはなおさらです。

私はこれまで数多くの採用面接を担当してきましたが、候補者の価値観について面接官として、直接その方々に尋ねたことはありません。

おそらくカジュアルな場面は別として、これからも面と向かって「ところであなたが大切にしている価値観は何ですか？」と、ダイレクトに質問をすることはおそらくないでしょう。

その理由として、そもそも面接官はできるだけプライベートな属性でもって人を判断しない、というのが原理原則だからです。

例えば候補者が「これが最も大切な価値観です」とある宗教への「信仰」を挙げた場合、その理由をもって落とす、あるいは反対に合格させるというのは、思想・信条の自由からして問題があります。

価値観が判断基準になる時代

とはいうものの、法律で「候補者の価値観を聞いてはいけません」と明確に定められているわけではありませんから、これからは「候補者の自発的な発言」をうながすような受け答えが増えてくるかもしれません。

あなたが事前に提出した「自己分析シート」には、そもそも自分の価値観が色濃く投影されているわけです。例えば「誠実」が会社の大事な価値観とうたっている会社での面接では、自分の誠実さをアピールすることが避けて通れません。

つまり会社は、実際のところ会社の持つ価値観に照らして、明らかに相容れない候補者がいたとしたら、「仮に入社してもらっても、正直長続きしないだろう」と考え、意図して「落とす」ケースはあり得ます。

ですから仮にダイレクトに質問されていないにしても、応募先の会社・組織が求めている価値観をあらかじめ注意深く分析をし、自分の絶対価値観との「距離感」、すなわちどれだけ一致・不一致があるのかを、事前にチェックしておくことはとても大切なのです。

会社満足な価値観をどうやって手に入れる？

企業のバリューを見てみよう

多くの企業は、そのホームページ上で、企業の「バリュー（価値観）」を公表しています。その場合は、その会社の価値観を知ることは簡単なのですが、言及がない場合には、やはり直接問い合わせる（ＯＢ／ＯＧ経由でも）ことになります。

例えば日本を代表する製造業の雄、トヨタ自動車は「トヨタウェイ２０２０」というタイトルで、「トヨタが大切にしている価値観」を会社ホームページ上で次のように公表しています。

「トヨタは『だれか』のために、誠実に行動する、好奇心で動く、ものをよく観る、技能を磨く、改善を続ける、余力を創り出す、競争を楽しむ、仲間を信じる、『ありがとう』を声に出す」

ちなみに同社の英語のホームページでこれらがどう表現されているのかを参考までに見てみると、次のような英文が出てきます。

「Act for Others: We strive to keep the perspectives of our customers and stakeholders at the core of our efforts every day. Putting ourselves in other's positions, we go beyond the impossible.」

両者を見比べると、日本語の方がよりトヨタの価値観が色濃く反映されている気がするのは、私だけでしょうか？

いずれにせよ、ここから拾えるキーワードは、「誠実」「行動」「好奇心」「観察力」「技能」「改善」「創造力」「競争」「信頼」「仲間」そして「感謝」でしょうか。

したがってトヨタを志望するにあたって、これの企業の価値観とあなたの絶対価値観がシンクロできるかどうかを考えておく必要があります。

キーワードが納得できるか確認を

もう一つの例として、ユニクロ（ファーストリテイリング）を見てみましょう。「私たちの価値観（ユニクロのＶａｌｕｅ）」として、「お客様の立場に立脚、革新と挑戦、個の尊重・会社と個人の成長、正しさへのこだわり」を列挙しています。あえて気になるキーワードを拾うとすると、「挑戦」「成長」それに「正しさ」でしょうか。

ご覧の通り日本企業のそれ（バリュー）は、いずれの場合もハッキリとした単語で列挙しているわけではないので、個人の価値観との整合性を見るためには、ある程度の「読み込み」が必要となります。

一方の外国企業、例えばＳＮＳ大手のメタ（フェイスブック）のバリューでは、よりわかりやすい表現なのかというと、必ずしもそうではありません。

例えば同社が挙げているのが「Be Bold（より大胆に行動を）」「Focus on Impact

（インパクト性にフォーカスしよう）」「Move Fast（行動は手早く）」「Be Open（何事にもオープンで）」そして「Build Social Value（社会的価値を打ち立てよう）」の5つです。

日本語訳は、私の意訳となりますが、感じは十分つかめると思います。

そこでのキーワードから、価値観のテーマにより近いものを拾うとすると、例えば「積極的（大胆）」「影響力（インパクト）」「迅速」そして「寛容」といったところになるでしょう。

これらの価値観を表す単語が、志望する企業が求めている価値観を正確に表しているかどうかの実態は、面接時に直接企業の担当者に確認する必要があるでしょう。

とはいうものの、先ほどピックアップしたキーワードが、自分にとって「違和感がないこと」を事前に確認しておくのは、志望先希望を選択するにあたって、必要最低条件と言えるでしょう。

第4章

「絶対価値観」について掘り下げる

33年前の上司の言葉

東京広尾の有栖川公園に隣接するナショナル麻布スーパーの裏手には、その当時ある大手通信会社が持つ研修施設がありました。

今から33年前のある日、転職後に初めて任されたトレーナーとしての初日を、そこで私は迎えることになります。

とにかく色々と「人生初」の体験をいたしました。外資系とはいえ外国人役員が一人だけの、中堅化学メーカーの総務人事部員からの転職です。文字通り「何から何まですべて英語」での研修は新鮮で、かつ驚きの連続です。

何よりの驚きは、事前に上司のアメリカ人女性から「これからの3日間はあなたにとって生涯大事なことを学ぶのよ」「だから決して忘れないでね（そしてこれはわたしからのプレゼントよ）」と言われたことです。

「何を大げさな」と、かなり懐疑的な態度（担当者にもかかわらず）だった記憶があります。事実、研修直後は上司のその言葉の意味が、よく理解できていませんでした。実際にその意味がよくわかるようになったのは、その後のリストラからの転職や度重なる大病・入院といった、人生の節目節目に出会った辛い体験時となります。

ちなみに、後年外国人の同僚が自己紹介の際に、「ボクのブライトサイド・キャリア時代の会社はここところ」と自己紹介するのを耳にしました。

このブライトサイド、すなわち「光り輝く、自慢できる会社、経歴」という英語表現にぴったりの会社でのできごとでした（ちなみにその反対はなんていうかというと「ダークサイド・キャリア」と言います）。

さて、そんなブライトサイド・キャリアで学んだのが、自分の価値観を深く理解することで「どの方向（会社や仕事）を選択すればいいのか」がわかるということです。

すでに前章でも述べましたが、きちんとした、確固たる自分の価値観を持っていないと、ズルズルと会社が持つ「確固たるビジネス価値観」へと引き込まれて行くので、普段から気をつけなさいということです。

時間をかけて、そんなフェアな考えを学ばせる会社は、今から33年前の日本企業にはあまりなかったと思います。まさに一大決心をして転職した甲斐があったと、そのときに確信した記憶があります。

口先だけの絶対価値観か、それとも……

価値観同士の不一致

絶対価値観について、「こうだったらいいな」というものか、それとも実際に「行動も伴う」ものか、いま一度自分の価値観を突き詰めて考えてみましょう。

ちなみに、私の大事なバリューの1つに「健康」がありますが、それにもかかわらずしょっちゅう医者から「体重を減らせ」と注意されている。ところが何一つ運動するわけでなく、節制した食事にするわけではないのは、文字通り「行動が伴っていない」いい例です。

まさに「健康」第一と口では言い、頭ではわかっているのにもかかわらず、どうしても実行が伴わないような価値観を「自分の大切な価値観」だなんて言っていいのか……そう問われたとしたら、あなたならなんて答えるでしょうか？

私の場合は、しょせんは楽なことに流されるといった「快楽」が絶対価値観としての優先順位が高いからなのではないのか、と考えていたりします。

他人の目を意識した価値観

そんな、どうしようもない私の例はさておき、このように言行不一致な価値観が、もしもあなたの価値観にもあるとするならば、この機会に「そもそもなぜ不一致なのか」、そしてそれを「なぜ放ったらかしにしているのか」について、この機会に見つめ直して見てはいかがでしょうか。

それこそ「建前と本音」のダブルスタンダードの価値観を、あたかも「自分にとって最も大切な価値観」として、後生大事に心の中にしまっておくことの意味が、一体どこにあるのか、一度突き詰めて考えてみることは大切です。

ちなみに、そんな矛盾だらけの私の場合の「言い訳」はいたってシンプルです。それはただ単に「現実を直視したくない、怖いから」です。

さらに付け加えるとすると、万が一「あなたの大切にしている価値観ってなんですか?」と尋ねられる場面があったら……と私が勝手に想定してしまうからです。このため、あらかじめ取り繕ってある「見栄えのする答え」を用意しておきたくなる、というわけです。実はこれには、ある理由がありました。

前述したように私は、会社の教育担当者として価値観をベースとした研修プログラムを、とりわけ優秀な社員に対して行っていました。

その研修を行うための「トレーナーのためのトレーニング」を受けたことがあるのですが、その際、他の出席者の前で「自分の価値観」を披露する必要がありました。そしてそのことが、人生最初の「他人の目を意識した自分の価値観」との出会いだったのです。

その時の私は、本音ではとにかく早く「出世」がしたかったのです。それは「手段」であり、その「目的」はより多くのサラリーやボーナスを手にして、「家族」を喜ばせたい、ということにありました。

その選択に嘘偽りはありませんでしたが、他の参加者の前で「私の一番の価値観は

『出世』です」とは、正直なところ言い出しづらかった。実際に他の参加者は価値観についてどのように答えていたかというと、「家族と健康です」とか「愛と誠実です」といったものが多かったように記憶しています。

そうなると、私一人だけ、ギラギラと「出世です」とは、言い出しづらいものでした。結果として、私は当たり障りのない「健康」を、「出世」の代わりに私の「建前」の絶対価値観として披露した、という経緯があるのです。

もちろん「健康」は今も大事な私の絶対価値観の一つですし、それ自体にウソはありません。しかし、その当時の本音の価値観であった「出世」は、いつの間にかどこかに隠れてしまったわけです。そしてそれは、すべて私の見栄と臆病さのせいからなのです。

自分の価値観を直視する勇気をもとう

他人の目や評価というのを、まったく気にしない人はいないでしょう。本当の自分の価値観を直視するのには、やはりある程度の勇気が必要です。

そう理屈でわかっていても、実際にそのような場に直面すると気恥ずかしい……そのことは、私は前述したような実体験として知っています。だからこそ、いま一度あなたに次のように問いかけたいのです。

「そのあなたの価値観は、本心からの、本音の価値観ですか？」
「それとも見栄や間にあわせの、単なる見せかけの価値観ですか？」

もしあなたの価値観に、後者の例が紛れ込んでいるとしたら、そんな「偽（ウソ）」の価値観を、これからの人生を通じて後生大事に抱え込んでいても、あまり有益ではないことは言うまでもありません。

私の絶対価値観

前述したように、自分自身の絶対価値観を確認できたのは、今から33年前のことになります。つまり就活生のみなさんが生まれる前の話です。

ちなみに、そのとき選択したトップ5の絶対価値観を、その当時の優先順位とあわせてご紹介すると、次のようになります。

1. 「(経済的)安定」
2. 「出世」
3. 「自由」
4. 「健康」
5. 「能力開発」

これら5項目すべてに共通するのは、仮にいまのレベルより下がったりでもしたら、当時の自分にとって「とても困る」ものであり、いまよりもレベルアップするとうれしいものでした。

それより何より、それらは文字通り私の価値観たちの中で、なくなっては困る絶対価値観という意味を持っていました。

さらに、「これらトップ5の価値観にあえて優先順位をつけよ」とその当時トレーナーから指示された私は、「(経済的）安定」と「出世」の2つを選択した記憶があります。

ここで私が選択した「トップ2の価値観」が、なぜそんなに重要な意味を持つ絶対価値観なのか、ご参考になればとの思いからここでいくつかご披露しておきたいと思います。

「（経済的）安定」とは何を意味するのか

会社員なら、誰もが求める価値観なのか？

実はこの価値観が、サラリーパーソンの選択する価値項目にあること自体に、その私は当時から私は疑問に思っていました。

なぜならそもそも、この「（経済的）安定」を志向しない人が、サラリーパーソンという生き方を選択するでしょうか？　もし仮に同じ日銭を稼ぐなら、特段組織人ではなくても、もっと個人でできる仕事（例えばフリーランスとか）も選択肢にあるはずです。

したがって、そのような仕事ではなく、あえてサラリーパーソンを選択した時点で、「（経済的）安定」が他の職種より大事であると判断されたはずだからです。

当時はいまさら聞くまでもない「愚問」とまで考えており、「これを選択しないサラリーパーソンはいないハズだ」と、勝手に自分で判断していました。ちなみにその考えは、いささか短絡的だったといまなら言えます。

まず世の中には、幸いなことに金銭的に不自由していないサラリーパーソンが、実は思いの外多く存在します。

野村総合研究所が公表しているデータの一つに、預貯金、株式、債券、投資信託、一時払い生命保険や年金保険など、世帯として保有する金融資産の合計額から負債を差し引いた「純金融資産保有額」をベースとして、総世帯を5つの階層に分類したものがあります。

その調査結果によると、「純金融資産保有額が1億円以上5億円未満の『富裕層』、および同5億円以上の『超富裕層』をあわせると132・7万世帯で、その内訳は、富裕層が124・0万世帯、超富裕層が8・7万世帯」だったそうです。

この5階層を、その構成比でもって詳細に見比べてみると次のようになります。

・超富裕層(8・7万世帯)
・富裕層(124・0万世帯)
・準富裕層(341・8万世帯)
・アッパーマス層(712・1万世帯)
・マス層(4215・7万世帯)

つまり、先祖代々の土地・田畠を所有するも、キャッシュ(現金)はないという「固定資産家」ではなく、投資活動をする余裕がある世帯というものが、実は思いの外多数存在するのです。

ですから、そんな金融資産家本人でなくとも、その家族の一員であれば、その恩恵に「あずかることができる人」と見ることができます。

本当の目的はどこにあるのか?

ひょっとしたらあなた自身や同期の何人かの人にとって、この「(経済的)安定」は、必ずしも「かけがいのない価値観」とは言えないのかもしれません。実際私の周りには、生活に困らない多くのサラリーパーソンたちがいらっしゃいます。

「お金に困らないなら、一体どうしてサラリーパーソンやっているの？」と思わなくはないですが、それもその人の価値観と言えるでしょう。


そもそも前述したＦＩＲＥ（Financial Independence Retire Early）だって、必ずしも「会社員を完全に辞める」選択ばかりではなさそうです。

ちなみに、「そんなにお金あるならもう働かなくていいじゃん（＝きっぱり辞めちゃう）」ケースを「フル・ファイア」と呼ぶそうです。その一方で、ＦＩＲＥした後でもある程度仕事をし続けるタイプは、「サイド・ファイア」と呼ぶそうです。そして、世の中にはこの手の「サイド族」が結構いるということです。

仮にあなたもこの「（経済的）安定」を自分の価値観に、しかも絶対価値観として選択したならば、自分自身にこう問いかけて欲しいのです。


「私は『（経済的）安定』で本当は『家族』の喜ぶ顔を見たいのではないか」

「『（経済的）安定』を手にすることで、もっと『自由』を満喫したいのではないか」

すると、これらの大切な価値観を手にするための「手段」がこの「経済的」安定であり、決して（経済的）安定そのものが「目的」となる絶対価値観ではないことに気づかれることでしょう。

このことは、実は私にしても同じです。

実際これまでの人生において、この「（経済的）安定」はいつも私の、最も大切なものとしていつも頭の中にありました。

ですが、実はこの絶対価値観を通じて（手段として）本当に手に入れたかったのは「自由」や「独立」であり、「家族」の幸せであり、もっと突き詰めれば私から他者への「愛」であることに、ある時ふと気づかされたのです。

繰り返しになりますが、たとえ同じ価値観であっても、その置かれた状況が異なれば、それに応じて立ち位置は異なります。

やはりあくまでも個々人で、じっくりと自分の価値観たちと向き合っていく必要があるといえるでしょう。

サラリーパーソンにとっての「自由」とは?

「諸刃の剣」の価値観

サラリーパーソンにとって、この「自由」という価値観は一見すると組織人としての生き方と矛盾しているようにも思えます。

そもそもこの価値観がそれほど大切ならば、会社員を選択せずに、さっさと独立、起業すればいいのです。

ただしいまとなって振り返ってみると、この価値観を選んでいる私自身、実際にある一時期その通りに独立し、起業もしているのです。そう考えると、やはり自分の絶対価値観というものは正直なものだと、このことからも納得ができます。

本書では会社員（サラリーパーソン）を前提として、そんな私たちが持つ価値観について述べていますが、そもそも「自由」がどの程度会社組織に存在するのか、疑問があります。

例えば出張の際に宿泊するホテル選択の自由、それによって浮かした日当を自由に使うといった「ちょっとした自由」はあるかもしれませんが、私にとっての「自由」の持つ意味はそれとは違っていました。

それは自由というよりむしろ「独創性」、つまり自分の考えがどれだけ反映されるのかといったことなのです。

前にも少し触れましたが、私は上司からこと細かに指示されるのが嫌いなのです。これは組織人としては、「諸刃の剣」となる価値観です。

例えば仮に、部下を放任し、能動的に動いてくれる人を評価するような、まさに私にとって理想の上司の場合なら良いのですが、反対のタイプなら結果は明白です（そして、まずそういう放任系の上司は少ないと思ったほうがいいでしょう）。

現実にはこと細かに上司に報告して「安心させてあげる」ことがサラリーパーソンにとっては、とても大事なことだからです。

短気は損気

よく新人研修で「ホウ・レン・ソウ」（報告・連絡・相談）と教えられますが、そのことに熱心とはいえなかった私が上司から疎まれたのも理解できます。

何しろアレコレ指示されるのが嫌な私にとって、ここでいう「自由＝自由度」が高いことが自分にとって「大切な価値観」なわけですから、上司に嫌われても仕方なかったかもしれません。

その意味では、私にとってサラリーパーソンという職業は、自分が思うほど「適職」とは言えなかったのかもしれません。

その一方で、**同じような価値観を持つ、もしくはたとえ違っていても「理解してくれる」「尊重してくれる」上司もいました。その意味でも「短気は損気」と言えます。**

たとえ今日、自分の上司とソリが合わずに、悩み苦しんでいるあなたがいたとしたら、「価値観が違う」といきなり衝突したり拒絶したりするのではなく、前述した「短気は損気」の範囲内で、もう少しだけ我慢して歩み寄る努力をしてみてください。

ただしそれは、決して「無理のない範囲」で、です。

「見せかけの価値観」vs「本当の価値観」

「前述の、この本の読者にだけお教えたした私の絶対価値観ですが、実は見栄をはった、いわゆる外向きの価値観です。それらはすべて私の『本心』『本音』から出たものではありません……」

もし私がこのように前言を翻したら、あなたならどう思われますか？

「ウソつき！」
「いや、思いのほか正直な人だ」

反応はさまざまだと思います。誤解のないように言えば、これまで私はあなたにウソをついたわけではありません。

あなた自身も注意をしないと、このような嘘を「無意識」にやっていくかもしれませんよ、と言いたかっただけです。

かつての研修で、思わず見栄を張ってしまった私の体験をご紹介しましたが、同じようなことは誰にも起こり得ます。

せっかくのチャンスです。ここからは事あるごとに「これって私の本音・本心からの価値観だろうか」ということを、一つひとつよく確認して、自分にとってかけがえのない絶対価値観だけを選択していくようにして下さい。

就活や転職活動を始めたみなさんには、おそらくこれから自分の絶対価値観を紹介する機会があることでしょう。

でも時として人の目が気になる場合もあるはずです。それでもためらわずに、正直に自分の本音を披露していくと、「ああ、あんなことうっかり人（他人）に言うんじゃなかった……」と後悔のため息をつくことになりかねません。

もしも、そんな後悔をすることがわかっているぐらいなら、披露できる価値観だけを選んで、よく練れたストーリーをつくってごまかしてしまうのもアリでしょう。

ただし、その場合であっても、あくまでも自分の本心・本音の絶対価値観を忘れてしまっては本末転倒です。そのためにも、添付したバリュー・ファインダーを利用なさったら、最後の診断結果ページのスクリーン・ショットを撮って、保存をしておくことをお勧めします。

そして、そのスクリーン・ショットはあなただけのものとして、大事に保管されることをお勧めします。

「価値観」を取り繕わなければいけない場面もあるでしょうが、自分だけは正直な本音の絶対価値観を忘れないようにしてください。

「たられば」から気づく絶対価値観とは

「たられば」に反映される過去

私はよく「たられば」を妄想します。冒頭で恥ずかしながらご紹介したように、私には誇大妄想癖がありますから、それこそ日に何度か、例えば突然「メガ・ビッグで10億円当たったら、まず何に使おう」と考えたりしています。

まあこうやって自分一人で楽しい(虚しい?)妄想にふけっている分には、人様に迷惑をおかけすることはありません。仮にもし問題があるとしたら、その妄想と現実とのあまりのギャップに、ただ一人打ちひしがれていることぐらいですが……。さて、そもそもそんな私の「妄想」は、一体どこから来るのか、少し考えてみましょう。

やはり自分の人生は「後悔だらけ」だったのかもしれません。そんな荒唐無稽の「たられば」を妄想するぐらい満たされない人生を送ってきたのか自分は……と寂しくなったりもします。

言い尽くされた表現ですが、過去は変えることはできませんが、将来は違います。これから社会に飛び立とうとするあなたなら、なおさらのことです。

ここで、あなたも「もし…だったら?」について、少し考えてみてください。

過去の体験と絶対価値観とを結びつける

自分の絶対価値観を考えるとき、過去にやり残したものが強く影響していることがあるかもしれません。

自分が「今」大切にしたいと思っている絶対価値観が、自分の過去からの現在までの種々の積み重ねを映し出したものだとするならば、なおさらのことです。

やり残したこと、やりきっていないこと、悔やんでいること、それより何より「やり直したいこと」があるならば、それが強く自分の価値観に影響していることはあり得ます。

「恵まれなかった家族関係」、「経済的に苦労してきた」といったマイナスの経験のみならず、反対に「家族関係はものすごく良かった」「経済的に一度も不自由したことがない」といった過去が、私たちの価値観に大きく影響しているはずです。

だとしたら、自分はどうしてこれらの価値観たちを、「自分にとってかけがえのない絶対価値観」として選択したのか、その理由を自分なりに考えてみるいい機会だと思います。

「これからこうだったらいいな」と思う希望と、自らの過去の体験、そして絶対価値観とを結びつけて考えることで、より深い自己分析を行うことができます。就活・転職活動の場などで、より説得力をもって自分について語ることができるようにもなるでしょう。

絶対価値観の「優先順位」も変わる

前述したように、自分がとりわけ大切にしている絶対価値観の間における優先順位は、時として変わることがあります。

それは、例えば「(経済的)安定」「出世」「健康」の順番で、自分の絶対価値観を追求をしていたとしても、ある日突然の病気に見舞われたことによって「健康」が最重要となり、「出世」も「(経済的)安定」もひとまず保留になる、といったことからも想像できます。

私自身も、実際にこの価値観の優先順位がガラっと変わる体験をしてきました。ここでは詳細は省きますが、とある外資系金融機関を退職した直後に、まさにタイミング悪くある大病を患ってしまったのです。

それまでの私はというと、「人生は長くても70歳まで、あまり長生きには興味がない」と漠然と考えていたのですが、実際に死ぬかもしれない体験をすると、真っ先に自分の頭に浮かんだのが、「まだ死にたくない」という強い思いでした。

その瞬間から、私のトップ・プライオリティーの価値観が、「お金」や「出世」といった健康体を前提とした価値観から「健康」そのものへと変わったのです。


さて、そのような大病を体験した私なのですが、「喉元過ぎれば熱さを忘れる」のが、やはり冒頭でご紹介した私の「高慢」な性格のなせるワザでしょうか。

今はまたもとの「(経済的)安定」が、私のトップを占める絶対価値観に戻っているという事実を、ここで正直認めざるを得ません。

一時的に「健康」がトップとなるものの、しばらくするとまたもとの「(経済的)安定」が上位となる……我ながらお話しするのも恥ずかしい限りですが、これが正直な自分の絶対価値観における「優先順位」なのですから仕方ありません。

そもそも、本来はこのような優先順位の変動を、自分以外の他人が知る由もないのですから、むしろ正直に今の自分の気持ちに向き合い続けることこそがより大切だと言えるでしょう。

「幸福度を増す」価値観について考える

あなたにとって、さらに幸福度が増す価値観には何がありますか？

例えば年末ジャンボ宝くじ（ボクのいつも妄想するメガ・ビッグでもいいですが）を想像してみましょう。もし10億円が当たったらあなたはどうしますか？

「その日のうちに辞表出します！　そして趣味三昧の悠々自適生活（フル・ファイア）に入ります」

いいですよね、ホント夢見ちゃいます、完全な「経済的自立生活」を……。

さて、私の場合ですが、もし仮にいま会社員だとしたら、少なくとも「すぐには辞めない」と思います。前述したＦＩＲＥで例えるなら「サイド・ファイア」を選択するでしょう。

なぜならこの場合、すでに一番のバリューである「(経済的)安定」は手に入れたことを意味しますから、今度は他のバリューの実現を「自分のペースで、会社員生活を続けながら」目指したいからです。

やはり会社での人と人との「つながり」は自分にとって大切ですし、何より生活のリズムを規則正しく過ごせることで、もう一つの絶対価値観である「健康」にも役立つから……といった、すこぶる現実的な理由からです。


私の例のように「もっと(経済的)安定のレベルが上がったら、自分は一体どうするだろう?」と仮定してみることで、自分の価値観がよりハッキリと理解できたりします。

先ほどの私の場合ですと、

「宝クジに当たって、(経済的)安定はかなったので、もうこれ以上の『経済的な安定』は必要なくなった」

「だが現実には、まだまだ他の絶対価値観を追求したいし、そのためには、この先しばらく会社員を続ける必要がある」

となるわけです。

さて、あなたの場合に、ある絶対価値観が満たされたとして、次に追求したい絶対価値観には何がくるのでしょうか？ それによって、自分自身のことをより深く考えるきっかけになるかもしれません。

第5章

「価値観と強み」の両方を手に入れる！

人的資本時代で活躍するあなたへ

「人事部」の名前の変遷

私が会社員になった際の、最初の配属先の名前は「総務部・人事課」でした。ちなみに、そこでの所属名は外資系らしく「Personnel Department」ですが、これは英語でも「人事勤労部」的なやや古風な呼び名となります。

それから時代は移り、今の外資系で主流の呼び名である「Human Resources」へと変わってきたのですが、昨今、人事部の名前を「Human Capital」と呼ぶ企業をよく見かけるようになりました。

直訳すれば「人的資本部」でしょうが、実際にやっていることの基本は、昔もいまも、これからも大差ないわけです。

そんな流れの中で、「人への投資、4基準で開示（日本経済新聞2022年6月18日付）」という記事からもわかるように、日本も遅まきながら企業の「人的資本」に関する情報開示が本格的に動き出しました。

そこでは「開示が望ましい19項目」として、次のような項目が列挙されています。

1. リーダーシップ
2. 育成
3. スキル・経験
4. エンゲージメント
5. 採用
6. 維持
7. サクセション
8. ダイバーシティー
9. 非差別
10. 育児休暇

11. 精神的健康
12. 身体的健康
13. 安全
14. 労働慣行
15. 児童労働・強制労働
16. 賃金の公正性
17. 福利厚生
18. 組合との関係
19. コンプライアンス・倫理

これらを見て、すぐに内容を思いつく方は少ないことでしょう。なぜならこれらは、みるからに英単語のほぼ直訳を列挙したものだからです。

例えば上述した項目6の「維持」って、人的資源において何を意味するのか即座にはわかりかねます。

企業に開示を促す

それはさておき、これらの19項目は、いずれも社員である「あなた」を慮ってのことではありません。実は、機関投資家などに向けて、以下の4つの基準での開示を促したいが故のものなのです。

ちなみに、その4つとは具体的に何なのかと言うと、「価値向上」（スキル向上研修など）もしくは「リスク管理」（コンプラ研修など）、さらに「独自性」（研修内容など）もしくは「比較可能性」（研修時間など）の4つです。そのために、上述した開示が望ましい19項目として紹介されていたのでした。

ちなみに、この4つの基準項目の1・2は「投資目的の視点」から、3・4については（客観的に）「数値化できるかの視点」からの開示を促すとあります。

ここではあえて個別の項目については触れませんが、4つの項目の最初にある「価値向上」は、「あなた自身の価値観にも密接に関係する」と思われます。各社どのように開示しているか、知っておくといいのではないでしょうか。

企業は「社員の価値向上」の成果によって、さらなる投資を呼び寄せることができます。また「良い社員は良い社員をさらに呼び寄せる」という好循環へとつなげたい、という意図もあります。

例えば、前述の19項目のうち「6．維持」ですが、これはおそらく英語のリテンション（Retention）、すなわち「どれだけ（優秀な）社員をつなぎとめられるか」を現していると思われます。

これはまさに、企業の価値観とあなたの持つ絶対価値観とが可能な限り合致している、さらには同じ方向を向いていることで、より高いパフォーマンス（業績）を期待できる、ということを意図しています。

さらに、例えば「19．コンプライアンス・倫理」においても、いくら企業側が法令遵守を求めたところで、肝心の社員であるあなたの本音が、「瑣末な法律なんてどうでもいいや」であったとしたら、企業価値の最大化の大きな障害となり得ます。

これらの例からも、個人の価値観と企業の価値観とは企業というクルマの両輪であることがわかります。いくら双方同時にそのパフォーマンスを最大化しようとしても、双方がうまくバランス（共存）していない限り、スムーズな動きは期待できません。

価値観を合わせて、利益を最大化する

そのことは、例えば個人の場合は上述した項目の11・12や13の「精神的・肉体的健康」ならびに「安全」の点に、大いに関連しています。

これは例えば、ストレス・チェックで社員のメンタルの現状をチェックする。人間ドックで定期的に体のチェックをする。さらに職場の安全衛生環境を法令に従って確保、整備するといった、一連の人事施策に関係してきます。

それらを言い換えれば、これらの項目についてどれだけ表面的に取り繕ったとしても、そもそも企業もあなた自身も、ちゃんと同じ方向に向かって手を携えていかなければ、双方にとって利益の最大化は難しいということです。

その意味で、本書を通じて自分の本当の絶対価値観を手に入れたあなたは、これからの企業にとってよりいっそう欠かせぬ人材——すなわち「ヒューマン・キャピタル」そのものであると言えます。

ストレングス・ファインダーも同時に利用してみよう！

ギャラップ社による『さあ、才能（じぶん）に目覚めよう』（日本経済新聞出版）という書籍をはじめとする、自分の強み（ストレングス）を「見える化」する、ウェブ診断付きのロングセラーシリーズがあります。

外資系企業に勤めていると、これまでも幾度となく耳にする機会があり、それならばとこの「ストレングス・ファインダー」（英語版、日本語版）を体験し、最初に「自分の強み」についての気づきをもらったのは、かれこれ15年ほど前のことになります。

その後に私自身は何社かの転職を繰り返し、つい先日まで在籍していた大手米系金融機関に入社した後も、再度ウェブテストを利用した経験があります。

ですから、同サービスには比較的長く、英語ならびに日本語でアクセスした経験を持っています。そんな長きユーザーの私から、この機会に少しでもお役に立てそうなアドバイスをしたいと思います。

34の強みを知ろう

ストレングス・ファインダーでは強みを34のテーマに分類しています。

こちらのアセスメント・ツールでも、本書のバリュー・ファインダーでも共通しているのは、いずれもある概念に沿って集められた言葉（定性データ）を、各々のやり方で分類している点です。

ちなみに私の仕事、つまり人事での仕事では給与データといった、典型的な数値データ以外は、比較的定性的なデータを多く扱います。

たとえば、毎年行っているエンゲージメント・サーベイ（社員満足度調査といったもの）などがこれに当たります。

実際には、明確に数値結果で判断ができるという、会社も社員も双方が納得しやすい職種もあれば、数字だけではなかなか業績をすべて的確に評価できない職種も存在します。

その場合でも上司・企業は、できるだけ客観的に、かつ透明性がある評価基準を双方に納得できる形で「目標設定」し、「各種評価」をしようと、毎年試行錯誤をしています。

そんな前提で、皆さんは入社後、職場の上司と頻繁に会話をすることになります。そのときに役に立つのがこのストレングス・ファインダーであり、バリュー・ファインダーなのです。

それはたとえば、上司があなたと今後の能力開発プランについて話をする場合を想定してみるとよくわかります。

その場合、事前にあなたが自分の強みをよく知っていれば、それらをこれからより発揮できるような開発プランを、上司から一方的に聞くのではなく、あなたの方からも積極的に、かつ具体的に提案ができることを意味します。またそれと同時に、上司が気づいていないあなたの強みを、自信を持ってアピールすることにつながります。

その際、もしもあなたの価値観の１つに、「ハッキリとした業績判断」（公平・透明性）といったものがあるとしたら、職種の選択はそれに沿ったものにする必要があることがわかります（例・営業職や研究開発職など）。

ですから今回お勧めしたいのは、ぜひこの2つの診断ツールを併用してください、ということです。

自分の強みと絶対価値観の両方を自分のキャリアツールとして、これからの就活や転職活動に、さらには入社後・転職後にもお役立ていただきたいと考えています。

日本語診断ツールの強みを知ろう

私が最初にストレングス・ファインダーを使った際に、英語と日本語でのアセスメントを同時に行ってみた経験があります。

その結果はというと、英語と日本語のアセスメントの結果は必ずしも同一ではありませんでした。

誤解のないように申し添えますが、開発したギャラップ社は、同じユーザーが何度も繰り返し利用することを推奨していません。その点についてはこの場で再度念を押しておきますが、私の場合は外資系企業の人事部としての立場で、事前に双方での利用法を確認しておきたかったという職務上の理由がありました。

結論から申し上げれば、その結果の差異の原因は、私の英語力（英単語理解力）にあったようです。その一例が、同調査で使用している英単語の「Ｗｏｏ」です。

外資系に勤務していながらお恥ずかしい話ですが、この単語はそのアセスメントをするまで見たことがありませんでした。ちなみにこの「Ｗｏｏ」ですが、同書によれば「社交性」と解説されています。

このように、英語でのアセスメントの際に、不明な単語が出てくるたびに勘で選択した結果、日本語で行ったものとの結果の違いがでてきたわけです。

その時の経験から、第2章でご説明したとおり、「バリュー・ファインダー」で使用する言語は日本語のみとする」としています。

また同じく第2章では、言葉の解釈を私と読者のみなさんとの間でできるだけそろえるために、バリュー・テーマごとに「ご一緒に考えてみましょう」を執筆し、皆さんご自身にとっての意味を考えるご参考にしてもらえるよう工夫してあります。

ですから、バリュー・ファインダーを利用されるにあたっては、ぜひ本書を一読された上でのアセスメントをお勧めします。

なお、ストレングス・ファインダーについても、日本語版の書籍には詳細な言葉の解説がなされており、誤解を最小限に抑える工夫がなされていますからご安心ください。

自分の価値観と強みをうまく使おう

強みと価値観は、どんどんアピールすべき

前述の上司との業績評価の機会を含め、あらゆる対話・会話の際に、あなたにはもっと自分をうまくアピールしてほしいと思います。

それはさりげない雑談かもしれませんし、年に何度かある正式な勤務評定の面談でも構いません。

大切なのは事あるごとに「自分の強みはこれこれなので機会があればぜひお役に立ちたい」「自分はこんな価値観を持っているので、ぜひ理解してほしい」とアピールし続けることがとても大切です。

学校生活時代の教室を思い起こして見てください。どうです、先生は黒板の前の教壇に立って、少し高い位置にいましたよね。

あれはみなさんから見えやすい場所に黒板を設置するのと同時に、先生がやや高い位置からみなさんを観察する目的もありました。そしてあなたの上司も、基本的にはいま同じ立ち位置にいます。

ちょっと上の立場からみなさんを観察しているわけですが、ひょっとしたらその上司に数多くの部下がいたりすると、そういつも部下一人ひとりをこまめに観察するわけにもいきません。

すると上司としては、できるだけ部下側からのインプットがほしいわけです。それがよく言われる「ホウ・レン・ソウ（報告・連絡・相談）」ということにもつながるわけです。「上司なら黙っていても察しろよ」という態度は、賢いやり方ではありません。

価値観をもとに、頑張りを訴える

私自身を振り返ってみると、部下から逐一の報告なんて鬱陶《うっとう》しく思うタイプでしたから、反対に自分の上司にも頻繁に報告することもしませんでした。ただこれも相手の性格によります。

私と反対のタイプである上司であれば、「彼は勝手にやっていてけしからん」という評価を下し、最後には「彼には辞めてもらって、もっとやりやすいタイプを雇おう」となってしまうわけです。

平穏な会社員生活をすごしたいあなたとしては、そんな当時の私と同じような轍を踏むことがあってはいけません。

時として上司の顔色をうかがう(タイミングを見計らう)ようなことになっても、より適切なタイミングで、あなたという素晴らしい部下が、どこがどう具体的に素晴らしいのか、上司に知らしめましょう。

それとともに、ハッキリと認識した絶対価値観に沿って、いかに任された仕事が自分にとって大切な意味を持つものか、だからこそやり甲斐をどれほど感じているのか、感謝の気持ちとあわせて上司へアピールしておきましょう。

そうすれば、あなたが勝手な思い込みをすることもなくなるはずですし、上司からの変な誤解も少なくなるはずです。

そしてそうしたコミュニケーションの積み重ねが成果を生み、次のキャリアへのステップアップへとつながるのです。

「他人から見た強み」と「自分の強み」

あなたの思っている自分の強みと、他人の目からみたあなた強みが異なり、ふとしたきっかけでそれに気づくことがあります。

たとえばあなた自身は「結構とんがった性格だし、人によく思われていないのでは?」と内心気にしていたとしても、案外、他人の目には気配りのきく「秩序と人とのつながりを重んじるコミュニケーション能力の高い人」と映っているのかもしれません。

もちろんこうした「うれしい認識の違い」を、あなたがことさら拒む理由はありませんし、むしろ新たな長所として磨いていけばよいでしょう。

では、その反対の場合はどうでしょう?

自分では「強みだ」と思っていたものが、他人からはさほど評価されていなかった場合です。

普段のあなたの行動からでしか、他人はあなたのストレングス（強み）を評価することができません。仮にそれがどれほど自分にとって納得のいかない評価だとしても、甘んじて受け入れるしかありません。

ですが、そのギャップを認識することができたのは良いことです。これからはその違いを知ったうえで、どうするかを考えることができるからです。

他人の評価が自分の認識とズレていた場合には、そう思われないように行動を改める、というのも一つです。しかし、それは「言うは易く、行うは難し」です。

ここは無理せず、むしろそのギャップを必要に応じて上手に活用してしまうのがいいかもしれません。

他人の判断はそれぞれ異なるものですし、同じ人でも時と場合によって評価は変わります。

他人の目（評価）はある意味すべてではありますが、本当のあなたの絶対価値観やストレングス（強み）を無理やり曲げてしまうほどの意味は持ちません。むしろ「良い方に使ってやる」と、ある種の開き直りだって必要だと思います。

入社後のキャリアについて考える

安定したキャリアのパターン

「キャリアもなにも、とにかく自分は就活生なのだから、そんな先のことまでイメージできないよ」という読者の方もいらっしゃるでしょう。本項は、そんなあなただからこそ覚えておいてもらいたい、これからのあなたのキャリア・ロードマップのお話しです。

横軸（X軸）に入社からの年数を、縦軸（Y軸）に給料を年俸ベースでおくとします。X軸とY軸が交わる原点を入社1年目の初任給とします。

先ずは右肩上がりの一直線を思い浮かべてください。これを①図と呼びましょう。

①図　昇給イメージ

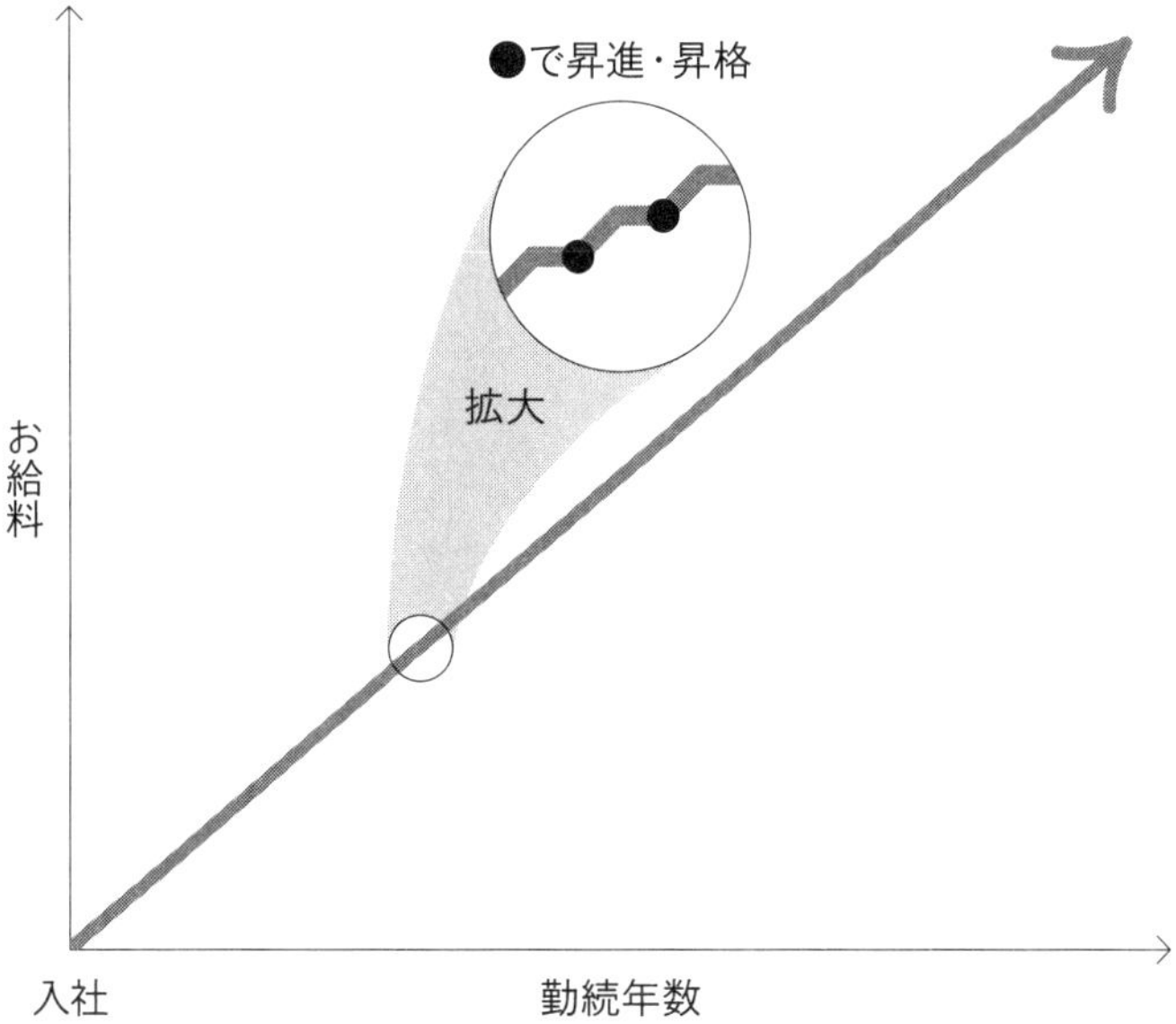

ある年齢まであなたの給料は右肩上がりで一度も下がることなく上昇し続けるというパターンです。

これは基本的に古い日本企業、終身雇用制度を採用している会社の報酬・キャリアパターンです。

さて実際には所々で階段状にピョンと飛び跳ねている、というパターンがあります。これは昇進・昇格による昇給があった年を示しており、ある複数年にわたって、そんな階段の踊り場が続いている（すなわち昇給がなかった）ところも散見されます。とはいうものの、基本的にグラフは経年的に上昇し続けています。これはお給料の下方硬直性、すなわち「一度上がったら下がらない」を基本とする日本企業の報酬制度を示しています。

短期間での昇給と出世を目指すなら

もう一つ注目してもらいたいグラフがこちら、偏り（英語でskewed）グラフと言う②図です。

こちらも入社した時点でのスターティング・サラリーは同じですが、急速に上がっ

②図　偏りグラフ

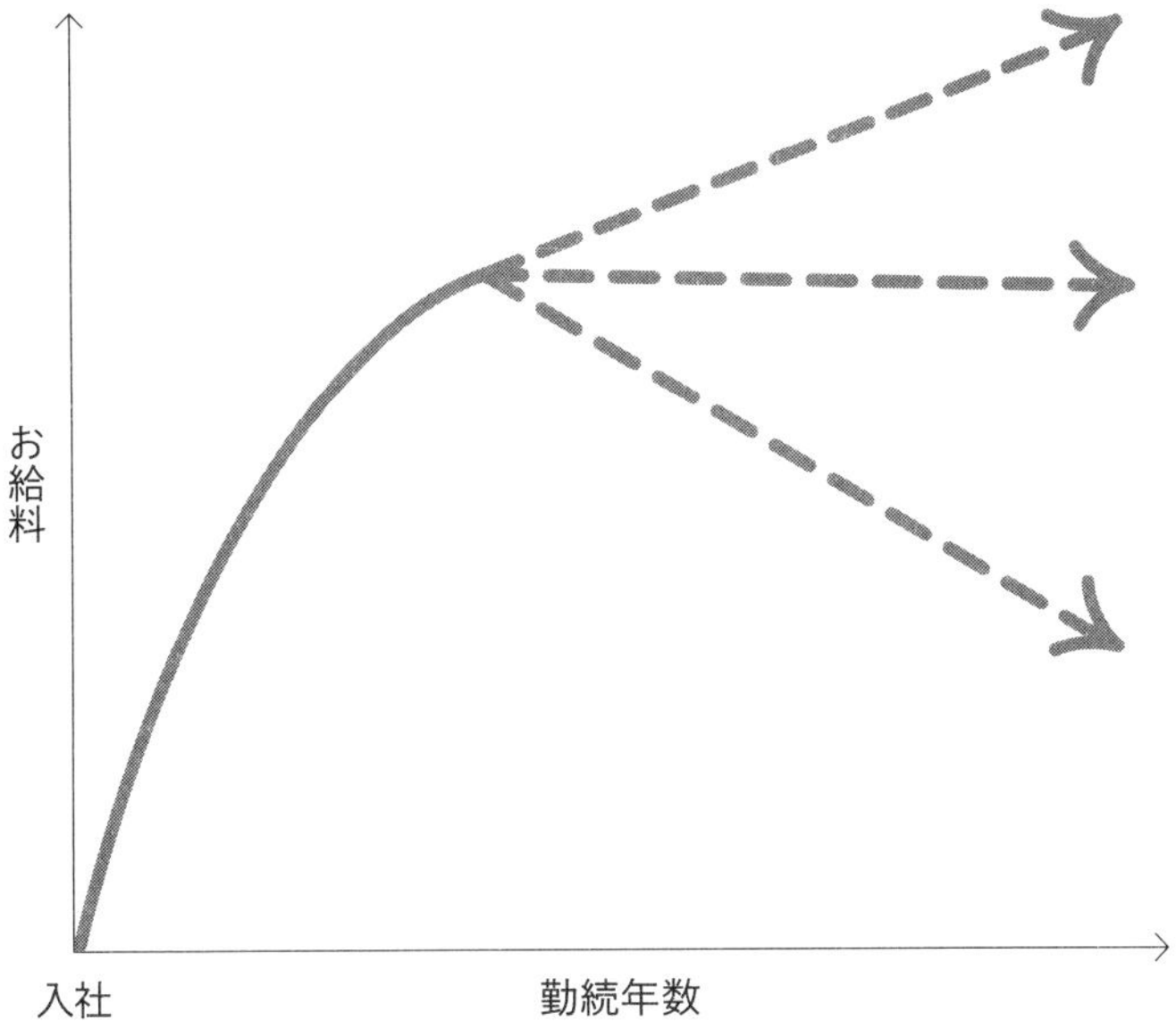

た昇給（昇格）カーブを示しています。

外資系でよく見られる短期間での昇進・昇格に伴う昇給アップがこのかたちです。もし仮にあなたの価値観が「富（お金）」で、かつ昇進・昇格を伴う「出世」というものなら、このパターンを提供する会社に入社することで満足感を得ることができるでしょう。

そのほか、このような報酬・キャリアパターンには、「台形」や「右肩下がり」のパターンなどもありますし、ひょっとしたら起点からずっとマイナス・ライン（つまり一度たりとも初任給を上回ることなく、さらには減給してしまったというケース）なども考えられます。

いま、就活に当たって入社後のキャリア・ロードマップを想像したときに、どういう昇給・昇格パターンが理想なのか、自分の本当の絶対価値観に合致したものかを考えることは大切です。

それに従って、例えば手堅く①図のパターンが期待できる大企業や公務員などを選択するのもよいでしょうし、ロケットスタートの②図パターンが期待できる外資系のコンサル・ＩＴ・金融系の企業を志望する、といった選択を行うことができます。

自分の絶対価値観に基づいて、志望する業種・企業、ならびにそれを可能にする職種選択を行ってください。それも本書でご紹介するバリュー・ファインダーのメリットの一つです。

キャリアの終わりまで、自分で判断する

ちなみに物事にはスタートがあれば、当然「エンド（終わり）」も存在します。それはキャリアにおける定年かもしれません。

いずれにしても、スタートポイントからエンドポイントまで、実際にどのような曲線・直線、断線や波線を選択するかは、その折々に自分の絶対価値観に基づく判断の連続となります。


ですからこうした、自身のキャリアにとって大切な判断というものは、これからは決して気まぐれでも、運や成り行き任せでもなく、自分の絶対価値観に基づいて選択されるべきです。

キャリアのエンド

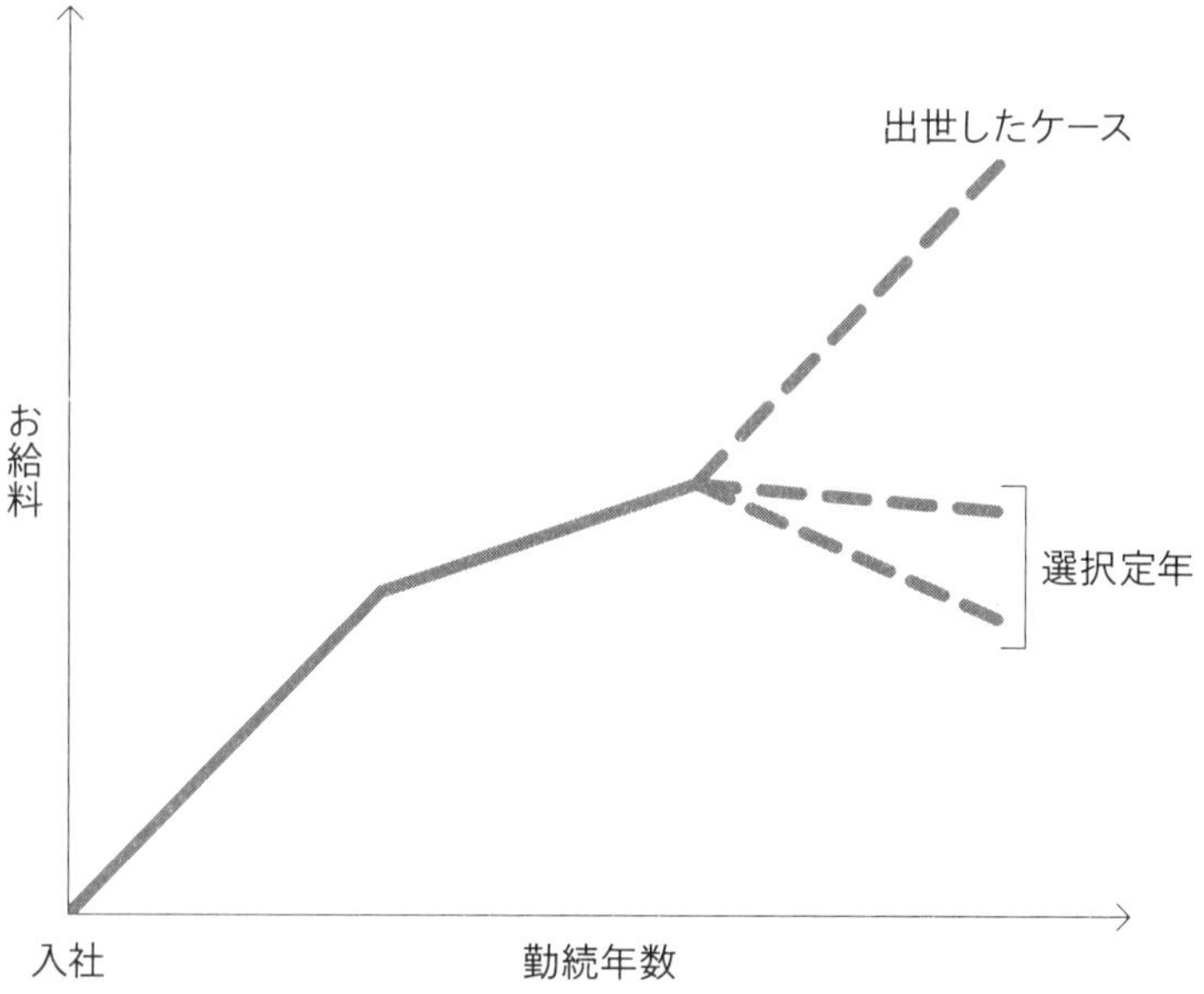

それがたとえ私のような、アップ・ダウンを幾度となく繰り返したキャリア・マップであったとしても、またその反対に、スタートから一度もブレずに「幸せな一本道を目指す」としてもです。

いずれにしても、不断の絶対価値観に基づく選択の積み重ねの結果が、これからのあなたのキャリア・ロードマップの指針となることだけは確かです。

終章

プロ人事の経験からのアドバイス

ジョブ型雇用と新人育成

最近よく耳にする言葉の一つに「ジョブ型雇用」があります。

あらかじめ仔細に定義した職務記述書（ジョブ・ディスクリプション、JDと略します）に基づいて、その職種ごとに必要な人材を採用する制度です。

もっともこれは以前から、例えば「職種別・専門・コース別採用」といった呼び名で、とりわけ外資系企業では新卒者も含めてその方式で採用が行われていました。

ちなみに新卒者を一括採用し、ある程度時間をかけて育成するのが一つの日本型新卒採用の特徴ですので、現実として多くの日本企業ではジョブ型を新卒時から導入することは難しいでしょう。

逆から見ると、新卒者であるあなたの絶対価値観が問われる場面の一つ、ということもできます。

あえてややステレオタイプな物言いをするなら、「出世」「競争」「富（お金）」といった価値観が上位を占めている人にはハイリスク・ハイリターンの外資系が向いていますし、「安定」や「つながり」が大切な人には日系企業が合っている、といった具合です。

もちろん、これはあえてステレオタイプな分類でお話ししていますから、個別の企業や組織を見れば、まったく逆のケースもあるでしょう。いずれにせよ、そもそも自分の目指す企業選択にあたって、自分の絶対価値観が問われることに変わりはありません。

私自身、数々の外資系企業で、実際に新卒採用を行ってきました。その際にネックとなったのが、日系企業の強みであり、外資系企業の弱いところである「時間をかけたさまざまな教育・育成」の点でした。

経験上、新卒者からの採用担当者に対する質問で多いのが、「御社での教育・育成プランについて教えてください」というものです。

もちろん外資系企業とはいえ、わざわざ新卒を採用するぐらいですから、ある程度の用意はあります。しかし、そもそも前述のようにジョブ型で採用する以上、せいぜいちょっとした座学の後にＯＪＴ（オン・ザ・ジョブ・トレーニング）、つまり職場の先輩のやり方を真似て、とにかく早く一人前になってね（でも、そんなには待てませんよ）というのが基本です。

それは言い換えれば「新人なので」と大目に見てくれる猶予期間の許容度の違いにあります。

おそらく日系企業も同じようにＯＪＴを行うのでしょうが、来年次の新入社員が入社するまでの最大一年間は「まだ新人なので」が通用するところが多いように思います。一方、外資系でのそれは長くて数カ月もあればいい方です。

ですからよほど習熟カーブが立っているような新人でないと「外資系はキビシイ」と判断し、そこで自分には「合わない」と判断した人はサッサと見切りをつけて日系企業へと転職することになります。

「初めから日系企業に行っておけばよかった……」と思ってみても、すでに後の祭りです。あとは「傷口が広がる前に転身する」ことぐらいしかできませんが、やはりそうなる前に自分の絶対価値観と真剣に向き合った上で、志望企業を選ぶことが重要なのです。

「ウチに合わないね、キミは」と言われたら

科学的手法も完璧ではない

採用面接に際して「キミはウチには合わないね」と言われることもあるかもしれません。

本来なら科学的で客観的な数値による物差しを使って、そんな「合う」「合わない」を判断してほしいところですが、現実には印象でこのセリフをつい口走ってしまう面接官もいることでしょう。

私自身、科学的手法を活用して面接を行う、という採用プロセスの確立に携わったことがあります。グローバルで共通の「強み（コンピテンシー）」を見いだして採用

する、というプロジェクトでした。

コンピテンシーについては、本書でも何度か言及していますのでここでは割愛しますが、それを具体的に導入した結果どうなったのかというと、実際かなりの成功が収められました。

何しろ8～9割方求める人材（この場合は「できる外国為替のトレーダー」でした）を見いだすことができ、かつ彼らは期待できるパフォーマンスを挙げてくれたのです。

このコンピテンシーを使った採用（具合的には「アセスメント・センター」という、さまざまな擬似体験を通じて評価する方法を取りました）に問題点があるとしたら、「やたら採用コストがかかった」ことです。

さらに、採用後の社員のパフォーマンス結果をみると、そのプロセスを経ないで雇った社員から、トップの成績を収める人が出てきたのです。つまり「飛び抜けた成績を残す人材」は見抜けなかった、ということになります。

ちなみにそのトップ・パフォーマーとはどんな人物だったのかというと、もとは「社内で郵便を配る係の男性」だったというのですから、驚きです。

良く言えば学歴も縁故も問われない「能力と結果がすべて」の100%実力主義の企業だからこそ、そのチャンスをものにさえできれば、こんな「まるで映画のような話」も現実に可能なのです。ただし残念なことに、そのサクセス・ストーリーはここ日本の話ではなく、遠くイギリスはロンドンでのお話しなのでしたが……。

もっとも「9割うまくいけばそれでよし」とするのなら、このプロジェクトは大成功といえますが、そもそも残りの1割のトップ・パフォーマーの発掘には至りませんでした。やはり、100%の確率の「科学的手法」というのは、まだ実現していないということでしょう。

人事の世界は「科学的な理屈がつく」ことがすべてではありません。こうした経験を持つ面接官の口から「キミは何となくわが社に合わないね」という曖昧で科学的でもなく、それでいて完全に無視はできない「何らかの理由」で不合格になることだって、現実には避けられないことにも留意する必要があります。

私が面接官に必ず教えていたこと

さて、あなたが志望する会社から「キミはウチに合わないね」といわれたら、どうしますか？

・「いったい、私のどこが合わないと判断されたのですか？」と聞く
・結論が出ている以上「いまさら聞いてどうなるものではないだろう」と、さっさと見切りをつけて他社へ向かう

実際には「どちらもする」という人が多いでしょう。実際その面接官に反論し言い負かすことができたとしても、それが双方にとっての「良いご縁」となるかどうか、はなはだ疑問だからです。

冒頭の「はじめに」の中で、本書はいわゆるあなたと会社の相性占いの本ではないと言いました。実際その通りなのですが、現実には私たちにとってこの「相性」や「ご縁」は大きな存在です。

それはお互いの価値観の違いのみならず、うまく説明できないけれど「どこかしっくりこない」「微かな違和感」「ワクワク感がない」といった感覚とでもいえるものです（もっともらしいこじつけの理由は、いくらでも後付けでできなくはないでしょうが）。

そこでこの機会に私からのアドバイスをいくつか。

よく経験を積んだ人事パーソンは面接の際に「5分間は判断しない」ことを叩きこまれます。

これは、人を第一印象で判断しない、ということを意味します。そしてそのことは、これから面接を受ける皆さんに自身にも当てはまります。

とにかく、「石の上にも3年（いや5分？）」を忘れずに、「コイツ（面接官のことです）嫌なやつだな」と仮にそう心の中で思ったとしても、できるだけ5分間はその第一印象をもとに相手を評価しないように務めましょう。

その上で、どうしても拭えない違和感については、やはりその理由を見つけるよう努力はしてみましょう。

その理由が果たして目の前の面接官からくるものなのか、それとも自分自身にあるものからなのか、その点を判然としないままにしておいては、次の面接に差し支えます。

そして、気持ちの切り替えはある程度素早くやりましょう。面接は相手があなたを選ぶだけでなく、あなた自身も対等に選ぶ立場であることを忘れてはいけません。

譲歩はしないが、頭ごなしの否定もしない

ここまで本書を読んだあなたは、自分にとって譲ることのできない、また生涯を通じて実現したい絶対価値観を認識しているはずです。

優先順位の高い価値観レベルではあわないが、さほど高くない価値観レベルなら納得できる、ということであれば、自分の中で順位を変えてみたり、すりあわせてみたりするのも一つでしょう。

とはいえ、面接だからといって最初から譲歩していては意味がありません。

「そんなことを言っても、雇ってもらえないことには始まらないのでは?」というのは事実ですが、それがゆえに卑屈になったり、あるいは媚びたりする必要はないので

す。

そもそも相手（面接官）はすぐにそんなあなたの態度を見透かします。それが痩せても枯れても年長者が持つ「年の功」というものです。

ですからどうしても合わないと判断したのなら、「次行きましょう、次へ」と素早く割り切ることが大切です。

もちろん、本来は面接官の側に「ウチに合わない」という一言だけで終わらせるのではなく、「何が、どこがウチに合わないのか？」という理由を明確にする努力が求められるのは間違いありません。

しかし、実際にはそんなモヤモヤとした不合理な結論に出会うこともあるでしょう。そんなときにあなたが「次」へ向かって踏み出すキッカケとして、本書で解説した絶対価値観をうまく使っていただければと思います。

入社した後も選抜はつづく

クセの強い人材を生かす

これは知人が海外赴任したときの話です。

その昔、日本がバブル景気で沸いていた頃には、前述したようにいまよりもっとたくさんの銀行・企業が海外支店を構えていましたから、日本から派遣される社員・行員もいま以上に大勢いました。

そんな景気のいい頃にロンドン支店を任された知人でしたが、さらなる業容拡大を命じられ、そのためのプロジェクト・メンバーを募ることになったそうです。

「自慢じゃないけど、結構人を使うのはうまい方だと思う」と豪語するだけのことはあって、かなり優秀な人材が彼のもとに集まったそうです。

基本的に社内で人材を募集する場合、「できる人材」を募るか、それとも「他では日の目を見なかった人材」（言い方は良くないですが）をあえて選ぶのか、というのがあります。そして、それぞれに一長一短があります。

「できる人材」を集めるのは言うは易しなのですが、そもそもそんな人たちをいまの部署が容易に手放すことはありません。

これは人事担当者として数多く社内調整をした経験からもいえますが、社内公募で手を挙げて、その社員と募集側はうまく話がまとまったとしても、出す部署はそんな優秀な人材を手放すことに抵抗し、あの手この手を繰り出してきます。

いくら制度として規定されているから、といっても、「それなら補充する人材がきてからにしてくれ」と強硬に抵抗されることもあります。ことほど左様に、優秀な人材であればあるほど社内での異動には色々なハードルがあるのです。

すると畢竟、「いま手が空いてる人材を」となりますが、それはそれで違う問題を抱えています。

知人のケースもそうです。時間的制約があるプロジェクトの場合、「八方丸く収まる」タイミングを悠長に待っておれません。

そこで、やや言い方は多少誤解を招くかもしれませんが、「すんなりと異動が認められる人材」でスタートすることがままあります。すなわち往々にして「クセの強い」人材、いってしまえばいわゆる「暇を持て余している人材」が集まりがち、ということです。

安定は、現状維持ということではない

ところが件の知人はあえて後者の人材、すなわち「やや個性や自己主張が強い人材」を積極的に集め、彼らを束ねて結果を出すマネジメントが得意だったそうです。

そこにはもちろん上司である知人の人柄とマネジメント能力の高さが大きく影響したでしょうが、何より大切にしたのが「自ら動くタイプかどうか」という一点です。

一見したところ寄せ集めのメンバーは、あっちを向いたり、こっちを向いたりとてんでバラバラに見えますが、きちんとチームとして結果を出すように上手に管理したわけです。

すると古巣では腐っていたかもしれないメンバーが、まさに水を得た魚のように成

果を出してくれたそうです。

時間をかけずチームを集め作り上げ、そして成果を出したわけですから、もちろん知人のマネジメント能力が非常に高いことは言うまでもないでしょう。それでも人事から送り込まれてきた人の中には、どうにも使いこなせない人材がどうしてもいたそうです。

私からその理由を尋ねられると、知人はこう答えました。

「寄らば大樹の陰ではないが、すべからく指示待ちで自ら動こうとしないヤツはダメだね」

知人の会社（都市銀行）は、その後他行との合併を繰り返して、最後に3メガバンクへと収斂《しゅうれん》していったわけですが、生き残った人材と、そうではなかった人材との違いは、とどのつまり「自ら考え、結果を出すべく行動したかどうか」だったそうです。

これらを今にして思い起こすと、なるほどそこには彼ら自身の価値観が色濃く反映されていました。

できるだけリスクを避けたい、淡々とそつなくこなしたいと、まさに「寄らば大樹の陰」的な考えで、可能な限りラクをしたいと考えて行動した社員は、やはり早く消えた（異動を繰り返して、最後は組織から出された）そうです。

絶対価値観で言えば「安定」を求めたが故に、かえって不安定になってしまう。むしろ「自由（自立）」を大切に、果敢に課題に取り込んだ人間は長く組織で重宝され活躍される……。

ここで付け加えるとすると、「安定」とは一切の変化をしない「現状維持」「不変」というわけではない、ということです。むしろより積極性に行動をすることで、ややもすると変化・変動の中で、自分にとって欠かすことができない「安定」を手にできることもあるわけです。

最後にその知人が、私にこう話しました。

「クセを強いメンバーで結果を出すなら、彼ら自身が何を大切にする人間なのか（本書でいう絶対価値観）を事前に知ることが、リーダーも、メンバー自身にとってももとても需要だ」

これからサラリーパーソン人生をスタートさせるみなさんにも、ぜひ覚えておいてもらいたいエピソードの一つです。

絶対に就活・転職を成功させよう！

さてここで再度就活の話に戻りますと、「志望する会社には全部合格した」という就活生に時折出会うことがあります。

もちろんその多くは難関大学出身で、勉強だけでなくさまざまな活動を積極的にこなし、帰国子女で英語はおろか複数の外国語がペラペラだったりします。

加えて面接の受け答えも素晴らしいとなると、文字通り「非の打ち所がない人材」ですが、このような候補者は男女を問わず、実在します。

実際、彼らは面接する側から見て、とても魅力的です。目の前の候補者がライバル会社からすでに内定をもらっていたりしたら、「競合他社には絶対渡すものか」と、人事採用の担当者は密かに闘志を燃やすものです。

そこまで奪い合いをされるような人材ではないとしても、「ところで他はどこ受けているの?」とか「今どんな段階ですか?」と聞かれたりすることがあると思います。本来ならどこを受けていようがいまいが関係なありません。が、当たりさわりのないように、ライバルとなる同業他社で、しかもちょっぴり格上の会社を受験していて「かなり進んでいます（次は役員面接の予定です）」と答えてみる……すると目の前の面接官の闘志に火がつくのは、間違いありません。

隣の芝生は青いものですし、人のものは欲しくなるのが人間の常だとすると、前述したような非の打ち所のないプロフィールの候補者は、この先も「内定が内定を呼ぶ」好循環でフィニッシュすることでしょう。

その一方で「どこを受けても全部ダメ」という人だっているでしょう。いや、むしろこちらの方が多いかもしれません。

なんでもそうですが、うまくいかない状況では何しろ「自信が持てない」状況に陥ってしまいます。そしてそれがあなたの顔に、所作に自然に投影され、ますます魅力なく見えてしまう……となってしまいます。

内定ゲットのためのさまざまなテクニックについては言及しませんが、本書をここまで読んだあなたは、明らかに他の学生とは違います。

まずはそのことを認識し、自身を持ってください。

何より自分の絶対価値観が活かせそうだと、そう判断した企業を受けているわけですから、「ブレない候補者」であるということを、まずはしっかりと訴えましょう。

また、あなたはさまざまな価値観について理解し、共感できるようになっていますから、チームのメンバーの価値観を尊重し、うまくつきあうことができるはずです。

このように、あなたは決して見劣りする候補者ではありません。自分自身を深く理解した、企業がほしがる人材なのです。

どうか自分に自信を持って、ブレずに自分の大切なものを守り抜き、そして追求し続けてください。

本書が少しでも就活・転職活動のお役に立つことできたなら、何よりも私の喜びです。みなさんのますますのご活躍とご多幸をお祈りして、ここに筆をおきます。

謝辞

文中に出てくる、私が初めて自分の価値観と真剣に向き合った33年前のプログラムとは、「MPG」という米国Blessing/White社がその当時法人向けに提供していた英語でのトレーニング・プログラムです。

ちなみに私自身は1990年に、当時勤務していた米系銀行内で、同プログラムを実施する際の「公認インストラクター」として、同社から認証されました。

"NOW,DISCOVER YOUR STRENGTHS"（邦題『さあ、才能（じぶん）に目覚めよう』）は、私の長いキャリアの中で折にふれ、「自分の強みはどこにあるのか」について大切な気づきをいただいた良書です。ここに改めて深く感謝の意を記します。

用などを行うことを、固くお断りいたします。

また同診断プログラムの開発にあたっては、ウール株式会社の閏間莉央さん、ならびに同社の開発スタッフに大変お世話になりました。

今回の出版にあたって、一方ならぬお世話になった日経ＢＰの赤木裕介さんとあわせて、私の心からの感謝の気持ちを申し添えておきます。

２０２３年３月吉日

梅森浩一

梅森浩一（うめもり・こういち）
1958年生まれ。青山学院大学経営学部卒業。現役の人事マネジャーとして多くの大手外資系企業、コンサルティング会社にて人事のマネジメントに携わる。主な著書に『「クビ！」論。』『面接力』など多数。
https://hp.valuefinder.jp/

「絶対」価値観。
人事のプロが教える「自分の軸」の見つけ方と使い方

2023年3月20日　1版1刷

著　者	梅森浩一
発行者	國分正哉
発　行	株式会社日経ＢＰ 日本経済新聞出版
発　売	株式会社日経ＢＰマーケティング 〒105-8308　東京都港区虎ノ門4-3-12
ブックデザイン	山之口正和（OKIKATA）
本文デザイン	野田明果
イラスト	Ayako Suzuki
印刷・製本	凸版印刷株式会社

ISBN978-4-296-11730-7
Printed in Japan